Entwurf eines Gesetzes

über den

Vollzug der Freiheitsstrafen

für das Deutsche Reich.

Mit Anmerkungen.

„Wie die Gefängniß-Wissenschaft zu höherer Ausbildung gelangt sein wird, so muß sie suchen, den Satz zur Anerkennung zu bringen, daß wesentlich in der Beschaffenheit ihrer Normen der Prüfstein einer guten Strafgesetzgebung zu finden ist."

v. Holtzendorff.

Von

E. Sichart,

Strafanstalts-Director.

Berlin.

J. Guttentag, Verlagsbuchhandlung.

1892.

Einleitung.

Das Bedürfniß einer gesetzlichen Regelung des Vollzuges der Freiheitsstrafen für das Deutsche Reich ist von der Gesetzgebung, von der Gefängnißwissenschaft und von der Praxis in vollem Maße anerkannt.

Das Strafgesetzbuch für das Deutsche Reich enthält nur einige wenige und sehr dürftige Bestimmungen über Form und Inhalt der einzelnen Strafarten, welcher Umstand den Gesetzgeber zu der Aeußerung in den Motiven zum Strafgesetzbuch für den Norddeutschen Bund veranlaßte:

> „Das darf als ein von allen Staaten im Bundesgebiete gleichmäßig anzustrebendes Ziel vorausgesetzt werden, daß die Strafanstalten allmählich überall nach möglichst gleichmäßigen, einheitlichen Grundsätzen einzurichten und zu verwalten sein werden, weil nur erst dann, wenn die nach einem und demselben Strafgesetze erkannte Strafe überall im Bundesgebiete unter denselben Bedingungen und Formen zur Vollstreckung gelangt, die durch das Strafgesetzbuch gegebene Rechtseinheit auch in der Strafvollstreckungs-Instanz zu ihrer thatsächlichen Folge gebracht wird.“

Auch der Reichstag hat bei der Berathung des St.G.B. für den Norddeutschen Bund am 4. März 1870 den Beschluß gefaßt,

> „den Bundeskanzler aufzufordern, eine Vorlage des Bundesraths herbeizuführen, durch welche die Vollstreckung der Freiheitsstrafen gesetzlich geregelt und die Einsetzung einer Bundesbehörde angeordnet wird, welcher die oberste Aufsicht über die sämmtlichen Angelegenheiten der Straf- und Besserungsanstalten obliegt“.

Eine das gleiche Ziel verfolgende Resolution wurde im deutschen Reichstage in der Sitzung vom 29. Januar 1875 auf Antrag des Abgeordneten Dr. Tellkampf gefaßt und am 21. Dezember 1876 bei Berathung der Strafprozeßordnung und des Einführungsgesetzes zu derselben beschlossen:

> „den Reichskanzler aufzufordern, dem Reichstag mit thunlichster Beschleunigung einen Gesetzentwurf vorzulegen, durch welchen unter Festhaltung der im Strafgesetzbuch über die Freiheitsstrafen enthaltenen Bestimmungen die Vollstreckung der Freiheitsstrafen in Ansehung der Gefängnißeinrichtung, der Verpflegung, Beschäftigung und Behandlung der Sträflinge gesetzlich gleichmäßig für das Deutsche Reich geregelt werde".

Am 19. März 1879 wurde ein vom Reichs-Justizamte ausgearbeiteter Gesetzentwurf nach Berathung mit einer aus Praktikern zusammengesetzten Kommission festgestellt. Derselbe kam auch im Justizausschusse des Bundesrathes zur Berathung, wurde jedoch dem Reichstage nicht vorgelegt.

Im Jahre 1887 kam der Gegenstand noch einmal im Reichstage zur Sprache, indem der Abgeordnete Johannsen den Antrag einbrachte, den Reichskanzler zu ersuchen, eine Durchsicht der Bestimmungen über das Gefängniß- und Strafvollstreckungswesen dem Reichstage zu unterbreiten.*)

Die in fachwissenschaftlichen Kreisen entwickelte Thätigkeit zur Herbeiführung eines Gefängnißgesetzes anlangend, so ist zunächst auf die Verhandlungen des Vereines Deutscher Strafanstaltsbeamter zu Berlin 1870, ferner auf diejenigen des Nordwest-deutschen Ver. f. Gefängnißwesen 1876 zu verweisen.**)

Erstere Versammlung hat ihre Ueberzeugung dahin ausgesprochen, daß die Gemeinsamkeit des Strafrechtes im Deutschen Reiche durch die Verschiedenheit der Strafvollstreckung zu einer illusorischen gemacht, und daß es zur Beseitigung dieses Uebelstandes der Aufstellung von

---

*) cf. von Jagemann Handb. des Gef.-Wes. Bd. I. S. 150—153.
Dr. Föhring, die Reform und der heutige Stand des Gefängnißwesens in Hamburg. S. 79 ff.
Bl. f. Gef.-Kunde. Bd. XIV. S. 141, 381.
Bd. XXII. S. 269.

**) s. Bl. f. Gef.-Kunde Bd. X. S. 51.
Org. des Nordw. Ver. f. Gef.-Wes. Heft I. S. 13 ff.

Normalvorschriften für die Hauptzweige der Gefängnißverwaltung bedürfe.

Der Nordwest-deutsche Ver. f. Gefängnißwesen hat sich über die These geeinigt, „Grundlage der Neu-Organisation des Gefängnißwesens in Deutschland bilde ein Reichs-Strafvollzugsgesetz, wodurch die einheitliche Organisation des Gefängnißwesens festgestellt werde".

Der von den gesetzgebenden Faktoren wie von den berufensten Vertretern der Gefängnißwissenschaft wiederholt mit größtem Nachdruck geäußerte Wunsch nach einheitlicher Regelung durch die Reichsgesetzgebung ist bis zum heutigen Tag unerfüllt geblieben, während das Bedürfniß seiner Erfüllung sich von Tag zu Tag mehr fühlbar macht.

Die gegenwärtigen Zustände im Strafvollzuge, welche den Gegenstand lauter und berechtigter Klage bilden, erheischen dringend baldige Abhülfe, sie sollten, wenn das Ansehen unserer Strafrechtspflege nicht in bedenklicher Weise Nothleiden soll, baldigst Aenderung und Besserung erfahren. Dazu nach Kräften beizutragen, scheint mir Pflicht eines Jeden zu sein, welchen Sachkunde und Erfahrung berechtigen, über die Sache ein Urtheil zu fällen.

Möge es daher dem Fachmanne, welcher über jene beiden Voraussetzungen verfügen zu können glaubt, vergönnt sein, über unsere zur Zeit noch offene Frage seine Ansichten und Wünsche in Nachstehendem frei und offen kundzugeben.

Zweifellos wird dem bestehenden Bedürfnisse und unseren oft geäußerten Wünschen dadurch noch nicht genügt, daß im Wege der Gesetzgebung für möglichste Uebereinstimmung im Vollzuge der Freiheitsstrafe gesorgt werde.

Wir haben vor Allem anzustreben, daß die Strafe rationell, d. h. ihrem Zwecke gemäß, gestaltet werde, daß die Bedingungen ihrer Wirksamkeit und die nöthigen Bürgschaften ihres Erfolges gesichert werden. Der dermalige Vollzug der Freiheitsstrafen, der kurzzeitigen wie der langzeitigen, hat Mißerfolge in erschreckender Menge aufzuweisen. Ein sprechendes Zeugniß für diese schwere Anklage bilden die Zahlen unserer Rückfallsstatistik.*)

---

*) Ueber Umfang des Rückfalls s.:

Sichart, Ueber Rückfälligkeit der Verbrecher. S. 8 ff.

Handbuch des Gefängnißwesens Bd. II S. 510 ff.

Nach neuerlichen von mir angestellten Erhebungen sind von den aus dem Zuchthause Ludwigsburg 1885/6 entlassenen Gefangenen innerhalb 5 Jahren

Als das Haupthinderniß, welches wirksamen und erfolgreichen Strafen im Wege steht, müssen wir den Umstand bezeichnen, daß unsere Strafgesetzgebung und unsere Strafrechtspflege heute noch von der abstrakten und gänzlich unfruchtbaren Gerechtigkeits- oder Vergeltungs-Theorie beherrscht werden.*)

Nach der Größe der Schuld unterscheidet das Strafgesetz zwischen Verbrechen und Vergehen, nach dem gleichem Maßstabe wird auf Zuchthaus oder auf Gefängniß erkannt.

Nun aber ist es ein großer, leider noch immer festgehaltener Irrthum, der namentlich auch in den Hausordnungen unserer Gefängnisse und Zuchthäuser klar und deutlich sich ausgesprochen findet, daß mit der Gerechtigkeitsstrafe sich auch die sog. Nebenzwecke der Strafe — Besserung und Abschreckung — verfolgen und erreichen lassen.

Das hierauf gerichtete Streben gleicht dem Versuche des Gärtners, Früchte verschiedener Gattung, wie Aepfel, Trauben und Feigen, vom gleichen Stamme ernten zu wollen.

Eine der Intention des Gesetzgebers entsprechende, auf das Prinzip der vergeltenden Gerechtigkeit gegründete Differenzirung zwischen der harten und schweren Zuchthausstrafe einerseits und zwischen der milderen und leichteren Gefängnißstrafe andererseits würde dahin führen, daß erstere Strafart an besserungsfähigen Verurtheilten das Gegentheil von Besserung, die letztere dagegen auf wiederholt rückfällige, dem Verbrechen ganz und gar ergebene Individuen nichts weniger als abschreckend wirken würde.

Beiderlei Kategorien von Verurtheilten aber finden sich, gerade weil die Strafe immer nur nach der Verschuldung, die der Uebelthäter bei Verübung des letzten Verbrechens auf sich geladen hat, erkannt wird, in ziemlich gleichem Zahlenverhältnisse in unseren Gefangenanstalten wie in unseren Zuchthäusern durcheinander gemengt;

---

wieder bestraft worden: mit Zuchthaus 29 %, mit Gefängniß 26 %. Von sämmtlichen Rückfällen treffen 62 % auf das erste Jahr nach der Entlassung. Von 286 Entlassenen wurden 203 wieder bestraft. Die ihnen zuerkannten Strafen waren 164 Zuchthaus-, 203 Gefängniß- und 825 Haftstrafen; zusammen 1192 Strafen, d. i. nahezu 6 pro Kopf.

*) Prins Criminalité et répression 1886: „Die Ursache davon, daß die Statistik uns keine Abnahme der Rückfälle, keine Verminderung in der Zahl der Verbrechen zeigt, liegt darin, daß die Gerechtigkeit, statt sich auf das Leben zu gründen, in Abstraktion sich verliert; die Binde um die Augen, verkennt sie die großartige Tragik der Menschheit; sie verkennt das Leben, und das Leben wendet sich ab von ihr."

der Charakter der Bevölkerung beider Arten von Strafanstalten ist so ziemlich der gleiche.

Daraus erklärt sich und läßt sich auch bis zu einem gewissen Grade rechtfertigen, daß der vom Gesetzgeber beabsichtigte und bestimmt ausgesprochene Unterschied zwischen beiden Strafarten im Strafvollzuge nicht zur Geltung kommt, daß die Hausordnungen für unsere Landesgefängnisse wie für unsere Zuchthäuser, abgesehen von einigen unwesentlichen Punkten, fast wörtlich mit einander übereinstimmen. Auch dem Entwurfe eines Strafvollzugsgesetzes von 1879 ist es nicht gelungen, Unterschiede im Vollzuge der beiden Strafarten von namhafter Bedeutung festzustellen.

Mit der oben erwähnten Thatsache rechnend, daß mehr oder weniger in jeder Strafanstalt neben besserungsfähigen und besserungswilligen Verurtheilten sich Individuen befinden, welche als habituelle und professionelle Verbrecher zu betrachten sind, hat man Hausordnungen verabfaßt, welche auf beide grundverschiedene Kategorien von Verbrechern passen sollten, in Wirklichkeit aber, da das gleiche Mittel doch unmöglich für ganz verschiedene Krankheiten sich eignen kann, ihren Zweck in der Hauptsache beiden gegenüber verfehlen.

Der große Fehler, den unser Strafvollzug aufweist, besteht darin, daß er den großen und gewaltigen Unterschied, der zwischen Affekt- und Gelegenheitsverbrechern einerseits und gewohnheitsmäßigem und gewerbsmäßigem Verbrecherthum andererseits besteht, fast gänzlich unbeachtet läßt. Dieses hat, wie schon bemerkt, seinen Grund in der Gesetzgebung und Rechtspflege, nach deren oberstem Grundsatze durch Strafen das Verbrechen gesühnt und getilgt werden soll, wobei das Interesse der Gesellschaft für Wiedergewinnung oder Unschädlichmachung des Verbrechers nicht zu seinem Rechte kommt.

Ist die Absicht der Strafe blos Sühne und Vergeltung, dann sollte billiger und konsequenter Weise von ihrem Vollzuge keine weitere Wirkung erwartet und verlangt werden.

Will sich aber die Gesellschaft mit dem Gedanken nicht begnügen, daß der verletzten Gerechtigkeit durch die Strafe Genüge geschehen sei, will sie vielmehr greifbare Erfolge der Strafe sehen, will sie durch Verhängung von Strafen das Recht geschirmt wissen und die Gesellschaft vor weiteren Angriffen geschützt sehen, dann muß sie sich angelegen sein lassen, daß diese ihre vernünftige Anschauung in der Gesetzgebung zum Ausdruck komme und der Zweckgedanke auf dem ganzen Gebiete des Strafrechtes seine Verwirklichung finde.

Dieses würde geschehen, wenn die Gesetzgebung dem Richter und dem Strafvollzugsbeamten Strafen zur Verfügung stellte, deren Vollstreckung bürgerliche Besserung der besserungsfähigen, zeitweise Abschreckung oder dauernde Unschädlichmachung der inkorrigiblen Verurtheilten ermöglichte.

Dagegen würde ein Gefängnißgesetz, welches sich die Aufgabe stellte, dem das Strafgesetz beherrschenden Vergeltungsgedanken namentlich durch Vertiefung des Unterschiedes zwischen Gefängniß- und Zuchthaus-Strafe im Strafvollzuge prägnanten Ausdruck zu geben und zur vollen Geltung zu bringen, als eine Errungenschaft von sehr zweifelhaftem Werthe zu betrachten sein. Dasselbe würde nach meiner vollsten Ueberzeugung unsere seitherige Strafvollstreckung in keiner Weise verbessern, dasselbe müßte die zur Zeit bestehenden Uebelstände im Strafvollzuge nur vergrößern.

Die nach dem Maßstabe des Verschuldens erkannte und nach dem gleichen Maßstabe verschärfte Freiheitsstrafe des Zuchthauses würde, wie schon oben erwähnt, nothwendig in vielen Fällen durch allzu große Härte der Besserung der Verurtheilten entgegenwirken, während die leichtere Strafart des Gefängnisses in zahlreichen Fällen, wo nach der Natur der Verbrecher Hoffnung auf deren Besserung ausgeschlossen ist, den Zweck der Abschreckung wie der Sicherung verfehlen würde.

Erwägungen dieser Art sind es, welche in mir kein Bedauern über das Scheitern des Gesetzentwurfes von 1879 aufkommen lassen.

Strafvollzug ist gleichbedeutend mit Strafbehandlung der Verurtheilten. Bezüglich dieser stellen Wissenschaft und Praxis die wohlbegründete Forderung auf, daß Gefangene, welche durch wiederholtes Rückfälligwerden, durch ihre verbrecherische Vergangenheit ihre Unverbesserlichkeit in zweifelloser Weise offenbart haben, einer in allen Stücken strengeren Behandlungsweise unterworfen werden sollen, als solche Sträflinge, deren seitheriges Verhalten die Hoffnung auf bürgerliche Besserung nicht ausschließt.

Es wäre unklug und unmenschlich zugleich, Gefallene, welche von dem Wunsche erfüllt sind, nach erstandener Strafe sich als brauchbare, tüchtige Glieder in die bürgerliche Gesellschaft einzufügen, durch Härte und Strenge gegen diese aufzubringen und ihre guten Vorsätze wankend zu machen oder diese vielleicht sogar in das Gegentheil zu verkehren, wie es andererseits thöricht und unverzeihlich wäre, Milde, Nachsicht und Versöhnlichkeit gegen die grundsätzlichen und unversöhnlichen Feinde der Ordnung und Gesetzlichkeit walten zu lassen, statt sie durch die größte Strenge in Zaum und Zügel zu halten, sie wenigstens auf einige Zeit einzuschüchtern, und wenn nothwendig und nützlich, auf die Dauer ungefährlich und unschädlich zu machen.

Von dieser gewiß richtigen und unanfechtbaren Anschauung geleitet, hat die in Stuttgart 1877 abgehaltene Versammlung des Vereines Deutscher Strafanstaltsbeamter folgende Resolutionen gefaßt:

„Rückfällige, d. h. schon früher mit Zuchthaus oder wiederholt mit Gefängnißstrafe Belegte können während der Strafverbüßung einer besonderen Behandlung unterworfen werden. Solchenfalls sind

1. die für die übrigen Gefangenen üblichen Vergünstigungen für sie zu beschränken,
2. härtere Disziplinarstrafen für dieselben in Anwendung zu bringen."

„Es empfiehlt sich, diese Rückfälligen, vornehmlich die rückfälligen Eigenthumsverbrecher, in besonderen Anstalten unterzubringen, u. s. f."*)

Der gleiche Verein hat sich ferner 1886 in seiner zu Frankfurt a. M. abgehaltenen Versammlung über folgende Sätze geeinigt:

„Es empfiehlt sich, wiederholt rückfällige Sträflinge in besonderen Abtheilungen zu vereinigen, um hiedurch die strengere Behandlung derselben innerhalb der Grenzen der Hausordnung zu erleichtern."

„Hausordnungsmäßige Vergünstigungen, insbesondere auch die Arbeitsbelohnungen, sind wiederholt Rückfälligen in mäßigerem Umfange als anderen Sträflingen zu gewähren."**)

Auch der internationale Gefängnißkongreß zu Petersburg 1890 hat sich über die vorwürfige Frage ausgesprochen, wie folgt:

„Wenn man auch vom Standpunkte des Strafrechtes und des Gefängnißwesens nicht zugeben kann, daß es absolut Unverbesserliche giebt, so zeigt doch die Erfahrung, daß es in der That Individuen giebt, die sich so widerspenstig gegen Gesetz und Gefängnißordnung erweisen, daß sie in gewohnheitsmäßigen oder gewerbsmäßigen Rückfällen stets wieder die Gesetze übertreten; die Sektion ist deshalb

*) s. Bl. f. Gef.-Kunde Bd. XIII. S. 88, 89.

**) s. Bl. f. Gef.-Kunde Bd. XXII. S. 173.

der Ansicht, daß man besondere Maßregeln gegen diese Individuen ergreifen müsse."*)

Auch glaubte die Badische und die Württembergische Regierung sich nicht in Widerspruch mit dem St.G.B. zu stellen, indem sie sich zu dem gleichen Grundsatze in ihren Hausordnungen durch die folgenden Bestimmungen bekannten:

§ 19 Abs. 1. der Bad. Dienst- u. Hausordnung v. 1891 lautet:

> „Züchtlinge und Rückfällige, sowie Sträflinge, welche eine zur Erreichung der Einsperrung verübte That zu sühnen haben, sind allgemein bezüglich der Zulassung von Vergünstigungen und der Handhabung der Hausstrafgewalt sowie in sonst besonders bezeichneten Hinsichten strenger zu behandeln, als dieses regelmäßig bei Gefängnißsträflingen oder wenig bestraften Personen zu geschehen hat."

Gemäß § 20 der Württ. Hausordnung f. d. Zuchthäuser von 1874 sind die Gefangenen in 3 Klassen eingetheilt.

Gemäß § 21 werden die Neueingelieferten nach dem aus der Art und den Umständen des Verbrechens und dem früheren Lebenswandel des Gefangenen sich ergebenden Grade der sittlichen Verschuldung oder Verdorbenheit entweder in die zweite oder in die dritte Klasse eingetheilt.

Wenn der Gefangene früher noch nie eine Strafe in einer höheren Strafanstalt erstanden hatte, so ist er zunächst in die zweite Klasse zu setzen, es wären denn Gründe vorhanden, eine besondere Verworfenheit oder Gefährlichkeit des Gefangenen anzunehmen. Nach § 29 ist von der Eintheilung das Maß der zuzulassenden Extragenußmittel abhängig.

Von großem Interesse dürfte es sein, über unsere Frage auch die Ansicht eines durch Gelehrsamkeit wie durch praktische Erfahrung hervorragenden Mannes kennen zu lernen.

Professor Dr. Prins,*) General-Inspektor für das Belgische Gefängnißwesen sagt:

> „Die scharfe Unterscheidung der berufsmäßigen Vagabunden und Verbrecher von den Gelegenheitsvagabunden und Gelegenheitsverbrechern bildet die Grundlage der Strafrechtswissenschaft."

---

*) s. Bl. f. Gef.-Kunde Bd. XXV. S. 191.

**) Prins, Criminalité et repression 1886.

„Der Unterschied der Gelegenheits- und der Gewohnheits-Verbrecher muß in Gesetzgebung und Rechtsprechung zur Anerkennung gelangen, der Unverbesserliche in die Unmöglichkeit versetzt werden zu schaden."

Professor Dr. Wahlberg*) spricht den gleichen Gedanken mit folgenden Worten aus:

„Für die Klassifikation und Charakterologie des Verbrecherthums und für das darauf berechnete mittlere Maß der Schuld- und Straf-Stufen ist die prinzipielle Unterscheidung zwischen Gelegenheits- und Affekt-Verbrechern einerseits und häufig wiederholten Rückfalls- oder Gewohnheits-Verbrechern von grundlegender Bedeutung und rechtfertigt die Einführung eines dualistischen Strafsystems mit wesentlich ungleichen Strafvollzugsarten für die beiden ungleichen, auch anthropologisch gesonderten Klassen des Verbrecherthums."

Ueber die Frage, wie das Ziel verschiedenartiger Strafbehandlung nach Maßgabe der sozialen oder antisozialen Gesinnung der Verurtheilten auf gesetzlichem Wege sich erreichen lasse, habe ich mich an einer anderen Stelle**) in folgender Weise ausgesprochen:

„Wir bedürfen zur Erreichung des Strafzweckes einer Besserungsstrafe gegen Besserungsfähige***) und einer Schutz- oder Sicherungs-Srafe gegen Unverbesserliche."

„Hierzu muß uns das Strafgesetz seine Dienste leisten, und zwar durch Aufnahme eines Paragraphen, welcher die Richter ermächtigt, inkorrigible Verbrecher zur Straferstehung in ein Zuchthaus einzuliefern." †)

---

*) S. Handb. d. Gef.-Wes. Bd. I. S. 131.

**) S. Zeitschr. f. d. ges. Straf-R.-Wiss. Bd. XI. S. 485 ff.

***) Unter Besserung verstehe ich bürgerliche Besserung (Legalität), nicht moralische Besserung; jene gilt als erreicht, wenn der Bestrafte dahin gebracht ist, aus Furcht vor der Strafe gleich der Mehrzahl seiner Mitbürger die Strafgesetze in Zukunft achten und befolgen zu wollen.

†) Die Befugniß des Richters, einen Angeklagten auf Grund seiner kriminellen Vergangenheit für unverbesserlich zu erkennen und an diesen Ausspruch strafrechtliche Folgen zu knüpfen, ist in § 690 des St.G.B. für New-York von 1881 ausgesprochen.

Durch Art. 18 des Bayer. St.G.B. von 1862 ward der Richter ermächtigt, sofern er es nach der Persönlichkeit des Verurtheilten und nach der Beschaffenheit der That für angemessen erachtete, im Strafurtheile anzuordnen, daß Gefängnißstrafen in der Dauer von mehr als 2 Jahren im Zuchthause vollzogen würden.

„Dieses würde dadurch die Bestimmung erhalten, ausschließlich zum Vollzuge der Sicherungsstrafe zu dienen. Die regelmäßige Strafe für alle im St.G.B. verpönten Handlungen hätte, wenn nicht auf Seite des Angeklagten Unverbesserlichkeit als vorliegend konstatirt würde, das Gefängniß zu bilden" (und zwar in der gleichen Höchstdauer wie z. B. die Zuchthausstrafe).

Als unverbesserlich*) habe derjenige zu gelten und sei darnach zu behandeln, der durch wiederholtes Rückfälligwerden den Beweis erbracht habe, daß an ihm die gewöhnliche Strafe ihre Absicht — bürgerliche Besserung — nicht zu erreichen vermöge.**)

„Durch Annahme dieses Vorschlages würde die Zuchthausstrafe zur Rückfallsstrafe par excellence gestempelt; sie würde zugleich auch die von anderer Seite für den wiederholten Rückfall oft und laut verlangte Schärfung erhalten."

Nun giebt es aber auch unter den Verurtheilten, welche wir nach ihrer Vergangenheit noch nicht zu den Inkorrigiblen zu rechnen haben, rohe, grobsinnliche, in hohem Grade unsittliche Individuen, welchen mit unserer einfachen Gefängnißstrafe nicht beizukommen ist, welchen vielmehr heilsame Furcht vor der Strafe nur durch gesteigerte Intensität derselben eingeflößt zu werden vermag. Die Anwendung von drastisch wirkenden Strafmitteln auf solche Naturen ist um so mehr angezeigt, wenn nach Beschaffenheit des Falles gegen sie nur auf Strafen von kurzer Dauer erkannt werden kann und darum für die Intensität der Strafe nicht ein Ersatz in deren zeitlicher Ausdehnung gefunden wird.

Solche, die Strafwirkung erhöhende Mittel bestehen in schärfenden Zusätzen, wie Hungerkur, Lagerentzug, Verdunklung der Zelle u. s. f.

---

*) Ueber den Begriff der Unverbesserlichkeit cf. Mittheil. der intern. krimin. Vereinig. II. Jahrg. S. 96 ff. u. III. Jahrg. S. 287 ff.

**) Der große in die Augen springende Unterschied zwischen Gelegenheits- und Gewohnheitsverbrechern hat zwar da und dort zur Anwendung eines Klassifikationssystems auf die Insassen der gleichen Anstalt geführt, wonach Rückfällige einem strengern Strafzwange als ihre erstmals bestraften Mitgefangenen unterworfen werden. Allein strenge genommen, entbehrt eine solche Einrichtung der gesetzlichen Begründung, und es kann dagegen mit Grund eingewendet werden, daß das z. Z. geltende Strafgesetz keine verschiedenen Grade und Abstufungen im Vollzuge der einzelnen Strafarten und namentlich nicht nach dem Maßstabe des Rückfalls, der bei der Strafausmessung ohnehin schon berücksichtigt wird, anerkennt.

Dieselben dürfen wegen der Gefahren, womit sie die Gesundheit des Sträflings bedrohen, die Dauer von 4 bis 6 Wochen nicht übersteigen.*)

Das Bayer. St.G.B. v. 1862 kannte noch eine Schärfung der Arreststrafe, bestehend in Verdunkelung der Arrestzelle und in Beschränkung der Kost auf Wasser und Brod, und erklärte dieselbe für zulässig u. a. bei Verurtheilungen wegen Schlägerei, Eigenthumsbeschädigung, Bettel, Landstreicherei, Arbeitsscheu, gewerbsmäßiger Unzucht.

Soll die Strafe von den oben besprochenen Folgen begleitet sein, soll durch sie das Verbrechen bekämpft und die Rechtsordnung geschützt werden, so muß nicht bloß die passende Strafart gewählt, die Strafe muß auch in ihrer Dauer richtig bestimmt werden.

Letzteren Punkt anlangend, führe ich hier in gedrängter Kürze an, was ich an anderer Stelle**) eingehender und ausführlicher behandelt habe.

Ich gehe von dem Feuerbach'schen Satze aus: „Der Maßstab aller Strafbarkeit ist die Gefährlichkeit der verbrecherischen Handlung.“ Doch gehe ich einen Schritt weiter und unterscheide bezüglich der Anwendung dieses Satzes zwischen Strafandrohung und Strafzumessung. Für erstere ist die objektive Gefährlichkeit, d. i. die Gefährlichkeit der Handlung maßgebend und entscheidend.

Der Gesetzgeber stuft die Strafen ab nach dem Werthe, welcher den verschiedenen Arten von Rechtsgütern, als Leben, Gesundheit, Vermögen, Ehre u. s. f. zukommt.***) Je größer dieser Werth, desto größer die Gefahr und der Schaden, welcher dem Gemeinwesen aus der Zerstörung oder Beschädigung des Gutes zugeht; desto größer muß aber auch der staatliche Schutz sein, womit dasselbe umgeben wird.

Die Strafzumessung hat sich nach der subjektiven Gefährlichkeit, d. i. nach der Gefährlichkeit des Strafthäters innerhalb der durch das Gesetz nach obigem allgemeinen Gesichtspunkte gezogenen Grenzen

---

*) Ueber die Nachtheile der Schärfungen von langzeitigen Strafen vergl. Röder, der Strafvollzug im Geist des Rechtes. S. 72, 103, 343 und Hägele, Erfahrungen in einsamer und gemeinsamer Haft S. 208.

**) s. Zeitschr. f. d. ges. Straf-R.-Wiss. Bd. XI. S. 489.

***) „Der Tarif der Strafe ist der Werthmesser der sozialen Güter.“ Ihring.

zu richten.*) Je gefährlicher sich Jemand durch Verübung eines Verbrechens gezeigt hat, desto größere Garantien sind zu schaffen, ihn an der Fortsetzung und Wiederholung seiner verbrecherischen Thätigkeit zu hindern. Die größere Sicherheit beruht aber auf längerer Verwahrung und Gefangenhaltung des Verurtheilten.

Von solcher Auffassung ausgehend und von dem Wunsche geleitet, daß der ausgesprochenen Neigung der deutschen Gerichte, die Strafe dem Mindestmaße nahe zu halten, die durch das öffentliche Interesse gebotene Remedur zu Theil werde, habe ich in einer Abhandlung über „die Bestrafung des Rückfalles nach deutschem Rechte" mich für eine gesetzliche Beschränkung des richterlichen Ermessens bei Bestrafung des Rückfalles ausgesprochen und zu diesem Zwecke eine Abänderung unseres St.G.B. in folgenden Punkten empfohlen:**)

Es sollte jeder Rückfall im engeren Sinne, d. i. jedes Vergehen oder Verbrechen, dem bereits eine Strafverbüßung wegen Vergehens oder Verbrechens (innerhalb eines bestimmten Zeitraumes) vorausgegangen ist, als Straferhöhungsgrund angesehen und ausdrücklich im St.G.B. als solcher bestimmt werden.

Ein zweiter und jeder weitere Rückfall sollte, wenn nicht mildernde Umstände vorliegen, die gesetzliche Folge haben, daß der Richter in Zumessung der Strafe nicht unter die Hälfte des Höchstbetrages der auf das neubegangene Verbrechen oder Vergehen gesetzten Strafe herabgehen darf.

Wird der Angeklagte als unverbesserlicher (gewohnheits- oder gewerbsmäßiger) Verbrecher erkannt, so ist unter Ausschluß mildernder Umstände auf die höchste Strafe zu erkennen, von welcher das letztbegangene Verbrechen im Gesetze bedroht ist.

Diese Strafe wäre gemäß obiger Ausführungen im Zuchthause zu vollstrecken.

Der Anschauung entsprechend, daß die subjektive Gefährlichkeit den Maßstab der Strafe zu bilden habe, hätten die Strafen für einfachen Diebstahl und Betrug sich in engeren Grenzen nach oben hin zu bewegen, als dieses gegenwärtig der Fall ist, jedoch wären bei

*) „Nicht jeder Verbrecher, der dasselbe Verbrechen begeht, gefährdet die Gesellschaft in gleicher Weise. Von dem rückfälligen Verbrecher, oder von dem Gewohnheitsverbrecher hat die Gesellschaft mehr zu fürchten als von dem Neuling im Verbrechen, von dem Komplott, von der Bande mehr als von dem Einzelnen, die Verschlagenheit droht ihr eine höhere Gefahr als der Jähzorn, der Vorsatz als die Fahrlässigkeit." Ihring.

**) s. Zeitschr. f. d. ges. Straf-R.-Wiss. Bd. X. S. 401 ff.

der Strafmessung die oben entwickelten Grundsätze über Rückfall wie über die zu wählende Strafart festzuhalten.

Die in § 361 Nr. 3—8 des R.St.G.B. aufgezählten Uebertretungen, namentlich aber Bettel und Landstreicherei, Lüderlichkeit, Zuhälterthum sollten als gemeingefährliche Handlungen für Vergehen erklärt, und auf sie bezüglich der Bestrafung ganz die gleichen Regeln angewendet werden, wie sie in Obigem dargelegt sind.

Erst dann, wenn durch die Annahme von Grundsätzen, wie sie vorstehend entwickelt sind, der Zweckgedanke Eingang in unser Strafgesetzbuch gefunden haben wird, läßt sich ein Strafvollzugsgesetz erwarten, welches die Hoffnungen zu erfüllen im Stande sein wird, mit welchen seit vielen Jahren dem Erlasse eines solchen entgegengesehen wird.

Der oft erwähnte Entwurf von 1879, wäre er Gesetz geworden, hätte den Vollzug der Freiheitsstrafe in Deutschland wohl zu einem einheitlichen gemacht, an Güte und Werth hätte derselbe nicht gewonnen. So wenig, wie die seitherige Praxis, vermochte er Zuchthaus und Gefängniß zu besonderen, streng von einander geschiedenen Strafarten auszugestalten.

Aus welchem Grunde? Weil die Gerechtigkeits- oder Vergeltungs-Strafe, deren Vollstreckung im Sinne des St.G.B. zu regeln gedachter Entwurf sich zur Aufgabe machte, einem rationellen Vollzuge unüberwindliche Schwierigkeiten bereitet.

Nach dem idealen Standpunkte der Gerechtigkeit vermögen Strafen angedroht und verhängt, nimmermehr aber zum allgemeinen Besten, zur Vertheidigung und zum Schutze von Staat und Gesellschaft vollzogen werden.

Der Staat als die Personifikation menschlicher Vernunft kann und darf sich nicht mit bloßer Satisfaktion genügen. Er handelt unklug und unvortheilhaft, wenn er aus Anlaß eines erfahrenen Angriffes, lediglich zu seiner Genugthuung, Hiebe auf den Gegner führt, die zum großen Theile auf ihn selbst zurückfallen, wenn er nicht die Aussicht hat, den Feind zu versöhnen oder für immer oder doch auf längere Zeit ungefährlich und kampfunfähig zu machen.

v. Holtzendorff, indem er die Beziehungen der Gefängnißkunde zur Strafrechtswissenschaft bespricht, äußert sich wie folgt:*)

„Wenn die Gefängnißwissenschaft zu höherer Ausbildung gelangt sein wird, so muß sie suchen, den Satz zur

*) s. Handb. d. Gef.-Wes. Bd. I. S. 12.

Anerkennung zu bringen, daß wesentlich in der Beschaffenheit ihrer Normen der Prüfstein einer guten Strafgesetzgebung zu finden ist."

Welche Bestimmungen ein Gesetz über den Vollzug der Freiheitsstrafen enthalten sollte, um den Forderungen der modernen Gefängnißwissenschaft zu genügen, wollte ich durch Verabfassung eines Strafvollzuggesetzentwurfes, den ich hiemit der Oeffentlichkeit übergebe, anschaulich machen.

Eine Vergleichung dieser Normen mit den entgegenstehenden Bestimmungen unseres Strafgesetzbuches wird den Beweis liefern, an welchen Fehlern und Mängeln dasselbe leide, und welcher Reformen dasselbe bedürfe, damit der Strafvollzug dasjenige zu leisten vermöge, was die öffentliche Meinung von ihm erwartet und mit Fug und Recht im allgemeinen Interesse verlangen darf.

Bevor ich an die Textirung des Entwurfes herantrete, halte ich es für zweckmäßig, einige Bemerkungen über den Umfang und die Grenzen eines künftigen Strafvollzugsgesetzes vorauszuschicken.

In dieser Hinsicht wird jeder vorurtheilsfreie Sachverständige mit dem vom Justizausschusse des Bundesrathes eingenommenen Standpunkte einverstanden sein, welcher in seiner großen Mehrheit sich dahin aussprach, daß dem Bedürfnisse, die Vorschriften über den Vollzug der Freiheitsstrafen einheitlich zu regeln, nicht anders als durch Aufstellung gewisser allgemeiner gesetzlicher Grundzüge genügt werden könne, und daß den einzelnen Regierungen und den Gefängnißverwaltungen die nothwendige Freiheit für die den lokalen Verhältnissen entsprechende Ausführung des vom Entwurfe gebotenen Rahmens belassen werden müsse.

Schon vor Berathung des oft erwähnten Entwurfes von 1879 hatte eine Versammlung von Freunden des Gefängnißwesens, welche am 15. November 1876 in Altona stattfand, sich über die Annahme folgender Sätze geeinigt:

„Zur einheitlichen Ordnung des Strafvollzuges ist es weder nothwendig noch zweckmäßig, ein in alle Einzelheiten des Strafvollzuges eingehendes System gesetzlich festzustellen, vielmehr genügt es, die wesentlichen Momente der Strafvollstreckung zu normiren."

„Als solche wesentliche Momente sind zu bezeichnen:

a. die einheitliche Leitung und Organisation des Gefängnißwesens; b. genaue Definition der einzelnen Haftarten durch Festsetzung allgemeiner Grundsätze über Gefangenenbehandlung im Allgemeinen, Disziplinarstrafen, Beschäftigung und Arbeitsprämien, Haftsysteme, Beschwerderecht."

„Zur Durchführung einer entsprechenden Individualisirung der Gefangenen muß der Gefängnißverwaltung der nöthige Spielraum gelassen werden."*)

Wie weit nach dem Entwurf von 1879 der Vollzug der Freiheitsstrafe geregelt werden wollte, ergiebt sich aus der Ueberschrift der also lautenden Hauptabschnitte desselben:

I. Strafanstalten,
II. Leitung und Aufsicht,
III. Strafzeit,
IV. Einzelhaft, Gemeinschaftshaft,
V. Ordnung in den Strafanstalten,
VI. Zuchtmittel, Beschwerderecht.

Einige seiner Bestimmungen mögen weniger auf die Nothwendigkeit gesetzlicher Regelung, als auf die Absicht zurückzuführen sein, Vollzugsverschiedenheiten entgegenzuarbeiten, welche sich ohne allgemeine gesetzliche Normirung ergeben würden.**)

Der von mir ausgearbeitete Gesetzesentwurf schließt sich in formeller Beziehung in der Hauptsache obiger Eintheilung an.

Der Reichsgesetzentwurf von 1879 hatte zu seiner Grundlage das zur Zeit noch geltende Reichsstrafgesetzbuch. Die gegenwärtige Arbeit steht auf dem Standpunkte de lege ferenda, und es drängt sich unwillkürlich die Frage auf, ob und wie es sich rechtfertigen lasse, über den Vollzug eines noch nicht geschaffenen, vorerst nur im Bereiche der Wünsche liegenden Gesetzes eine Abhandlung zu schreiben.

Auf einen Einwurf dieser Art läßt sich gewiß mit guten Gründen Folgendes erwidern:

Was ist vernünftiger und zweckmäßiger: Zuerst ein Haus herstellen und den Bewohner desselben anzuhalten, in demselben sich nach Möglichkeit einzurichten und zurechtzufinden, oder: dem künftigen Bewohner die Aufstellung eines Bauprogramms zu gestatten, nach welchem der Baumeister sich bei Ausführung des Baues zu richten hat?

Hat der Chirurg bei Vornahme einer Operation sein Verfahren bestimmen zu lassen durch die Instrumente, welche der Verfertiger von

*) s. Org. des Nordw. Ver. f. Gef.-Wes. Heft I. S. 18 ff.

**) Handb. d. Gef.-Wes. Bd. I. S. 151.

solchen ihm zu liefern für gut findet? Oder hat letzterer diejenigen Werkzeuge zu liefern, welche der erstere zur Ausführung seiner Kunst bedarf?

Die Antwort auf diese Fragen wird nicht zweifelhaft sein.

Von Betrachtungen solcher Art ausgehend, komme ich zu der Ansicht, es sei klug und vernünftig, wenn die Gefängnißwissenschaft dem Gesetzgeber eine genaue Beschreibung der Waffen liefere, deren der Strafvollzug zur Bekämpfung und Besiegung der verschiedenen Arten von Verbrechern bedarf, und wenn dann der Gesetzgeber erst auf Grund solcher sachverständigen Unterweisung die zweckdienlichen Waffen fertige und dem Strafvollzuge zur Verfügung stelle.

Seither wurde in dieser Hinsicht der entgegengesetzte Weg eingeschlagen. Die Waffe wurde nicht für den Kampf geschmiedet, und gleichwohl vom Kämpfer erwartet, unter allen Umständen damit zu fechten und, wo möglich, zu siegen.

Ein solches Verfahren konnte aber auch nicht zum Ziele führen, wie das Scheitern des Reichsgesetzentwurfes von 1879 beweist.

Obgleich dessen Bearbeitung an Wissenschaftlichkeit und Gründlichkeit nichts zu wünschen übrig läßt, seine Annahme wäre uns nicht zum Segen gereicht; seine Durchführung hätte die Ausgabe zahlreicher Millionen verursacht, ohne daß der Vollzug der Freiheitsstrafen ein wesentlich besserer geworden wäre.

Der von Reichswegen unternommene Versuch, im Wege der Gesetzgebung Einheit und Gleichmäßigkeit in der Vollstreckung der Freiheitsstrafen herbeizuführen, hat zu der Ueberzeugung geführt, daß der unserer Strafgesetzgebung zu Grunde liegende Begriff von der Strafe in der Ausführung auf unüberwindliche Schwierigkeiten stößt, daß der Gedanke der vergeltenden Gerechtigkeit im Strafvollzuge sich nicht verwirklichen läßt, und daß die sogenannten Nebenzwecke der Strafe, Besserung und Abschreckung, mittelst des von der Gesetzgebung angenommenen Strafensystems nur in den seltensten Fällen erreicht zu werden vermögen.

Eine Besserung des gegenwärtigen unerfreulichen Zustandes läßt sich nur von einer gründlichen Revision unserer Strafgesetzgebung, bestehend in der Annahme und Realisirung des Zweckgedankens, erwarten.

In welcher Weise Wandel zu schaffen sei, läßt sich auf dem von mir eingeschlagenen Wege am besten und überzeugendsten darthun.

Diejenigen Bestimmungen des von mir ausgearbeiteten Entwurfes, welche sich im Widerspruche mit dem geltenden Rechte befinden, bezeichnen klar und deutlich die Schäden und Mängel des Strafgesetzes, deren Beseitigung oder Besserung nach den Lehren der Gefängnißwissenschaft als nothwendige Voraussetzungen und Bedingungen eines rationellen und wirksamen Strafvollzuges gefordert werden müssen.

Auch sollte das von mir gewählte Verfahren mir Gewißheit darüber verschaffen, ob die in meinen Aufsätzen: „Ueber Bestrafung des Rückfalls“*) und „Ueber Reform der Freiheitsstrafe nach deutschem Rechte“**) entwickelten Anschauungen die Aussicht böten, sich auch praktisch durchführen zu lassen.

Diese wenigen Sätze dürften genügen, den von mir unternommenen Versuch, an einem Strafvollzugsgesetzentwurfe die Möglichkeit zweckmäßigen und zielbewußten Strafens zu zeigen, nicht nur zu entschuldigen, sondern sogar in vollem Maße zu rechtfertigen.

*) s. Zeitschr. f. d. ges. Straf-R.-Wiss. Bd. X. S. 401.
**) s. Zeitschr. f. d. ges. Straf-R.-Wiss. Bd. XI. S. 478.

Entwurf eines Gesetzes

über den

Vollzug der Freiheitsstrafen für das Deutsche Reich.

I. Strafanstalten.

§ 1.

Die gerichtlich erkannten Freiheitsstrafen sind zu vollstrecken:

1. die Zuchthausstrafe in den Zuchthäusern;
2. die Gefängnißstrafe, deren Dauer drei Monate erreicht, in den Landesgefängnissen, solche von kürzerer Dauer dagegen in den Amtsgefängnissen;
3. die Haftstrafe ebenfalls in den Amtsgefängnissen;
4. die Festungshaft in Festungen oder in anderen ausschließlich zur Verbüßung dieser Strafart bestimmten Räumen;
5. die gegen jugendliche Personen (§ 57 des Strafgesetzbuchs) erkannten Strafen, deren Dauer einen Monat erreicht, in besondern dazu bestimmten Anstalten oder in räumlich getrennten Abtheilungen derselben.

Anmerkung.

Die Unterbringung von Zuchthaus- und von Gefängniß-Sträflingen in besondern Anstalten oder die Unterscheidung der Strafanstalten in

Zuchthäuser und in Landesgefängnisse hat nur dann einen wirklichen Werth und ist nur dann von Bedeutung, wenn an diese Verschiedenheit in der Bezeichnung der beiderlei Anstalten sich eine wesentliche Verschiedenheit in der Behandlung der beiderseitigen Insassen anschließt.

Die beiden wichtigsten Arten der Freiheitsstrafen unseres St.G.B., Zuchthaus- und Gefängniß-Strafe, im Vollzuge zu unterscheiden und in wesentlichen Stücken verschieden zu gestalten, ist bisher nicht gelungen, und jeder darauf gerichtete Versuch wird an der Unmöglichkeit scheitern, eine auf den Gedanken der vergeltenden Gerechtigkeit basirte Einrichtung, wie jene Zweitheilung der Strafe, ohne Verletzung der wichtigsten und obersten Strafvollzugsprinzipien ins Werk zu setzen.

Wie in der Einleitung des Näheren ausgeführt, hat nur eine solche Unterscheidung in der Strafbehandlung der Verurtheilten eine Berechtigung, welche auf eine Verschiedenheit derselben in Bezug auf deren soziale Gesinnung, auf ihr Verhalten der Gesellschaft gegenüber, ob sie mit dieser in Zukunft in Frieden leben oder sie nach wie vor zu bekriegen gewillt sind, sich gründet.

Die in § 1 dieses Entwurfes angenommene Theilung der Strafanstalten in Zuchthäuser und Landesgefängnisse geht deshalb von der Voraussetzung aus, daß eine Reform unserer Strafgesetzgebung, obigen Gedanken sich aneignend, dahin führen werde, daß den Zuchthäusern in Zukunft nur solche Verurtheilte zugeführt werden, welche als hartnäckige, unversöhnliche Gegner der bestehenden Gesellschaft einer um Vieles strengeren und härteren Strafzucht unterworfen werden müssen, als solche, welche nur vorübergehend vom rechten Wege abgeirrt sind und das Verlangen in sich tragen, in den Schoß der bürgerlichen Gesellschaft wieder aufgenommen zu werden.

Erwähnte Abänderung unserer seitherigen strafrechtlichen Bestimmungen hätte darin zu bestehen, daß als regelmäßige Freiheitsstrafe „Einsperrung" oder „Gefängniß" erklärt und bestimmt würde, daß an gewohnheits- und gewerbsmäßigen Verbrechern die Freiheitsstrafe in besonderen Anstalten (Zuchthäusern) mit größerer Strenge, als gegen andere Verurtheilte, vollzogen werden solle.

Der von mir ausgearbeitete Gesetzentwurf basirt, wie bereits erwähnt, auf der Annahme, daß der Zweckgedanke in unserem Strafgesetzbuche sich Geltung verschaffe und auf Grund seiner künftigen Bestimmungen lediglich Inkorrigible den Zuchthäusern als Sträflinge zugehen werden.

Von diesem Gesichtspunkte aus sind alle in diesem Entwurfe enthaltenen Normen für den Strafvollzug an Züchtlingen zu beurtheilen.

Die Fassung des § 1 stimmt nahezu wörtlich mit dem Texte des Entwurfes von 1879 überein. Die Eingangsworte bestimmen genau den Umfang seiner Anwendung. Die Bestimmungen des Entwurfes beziehen sich demnach nicht auf Disziplinarstrafen noch auf Zwangsmittel, bestimmt zur Durchführung von Verwaltungsvorschriften, ebensowenig auf Strafen, deren Vollstreckung den Militärbehörden obliegt, oder von Polizei- oder Steuerbehörden verfügt sind.

Ferner sind von der Anwendung ausgeschlossen alle sonstigen Strafen des R.St.G.B., welche in § 1 des Entwurfes nicht ausdrücklich erwähnt sind.

Die Fassung von Ziffer 1 und 2 bezielt die räumliche Trennung von Zuchthaus- und von Gefängniß-Gefangenen, schließt aber die Unterbringung einer Züchtlings- und einer Gefängniß-Abtheilung innerhalb eines und desselben Gebäudes und unter der gleichen Verwaltung nicht aus.

Der Beisatz in Ziffer 5 „oder in räumlich getrennten Abtheilungen derselben" dürfte hinreichend durch den Umstand motivirt erscheinen, daß in manchen Einzelstaaten die geringe Anzahl der vorhandenen jugendlichen Gefangenen die Errichtung und Verwaltung besonderer Anstalten für jugendliche Verbrecher als unvortheilhaft und zu kostspielig erscheinen läßt.

§ 2.

Den Landesregierungen bleibt vorbehalten, Gefängnißstrafen, deren Dauer drei Monate nicht erreicht, sowie Haftstrafen in den Landesgefängnissen, und gegen jugendliche Personen Freiheitsstrafen, deren Dauer einen Monat nicht erreicht, in den Anstalten für jugendliche Sträflinge (§ 1 Nr. 5) vollstrecken zu lassen.

Anmerkung.

Dieser Paragraph, welcher dem Gesetzentwurf von 1879 entnommen ist, hat die Bestimmung, die im § 1 Ziff. 3—5 zu Gunsten der Einzelstaaten gezogenen Grenzen für solche Staaten zu erweitern, welche in reicherem Maße mit Strafanstalten ausgestattet sind, so daß sie die vorhandenen Amtsgefängnisse weniger zum Strafvollzuge in Anspruch zu nehmen brauchen.

§ 3.

In die Anstalten für jugendliche Sträflinge dürfen nur Personen aufgenommen werden, welche nicht das achtzehnte Lebensjahr vollendet haben.

Sie können bis zum vollendeten zwanzigsten Lebensjahre in solchen Anstalten behalten werden.

Anmerkung.

Auch dieser Paragraph entstammt dem Entwurfe von 1879.

Die darin für die Aufnahme wie für das Verbleiben der Insassen in den Anstalten für jugendliche Sträflinge gezogenen Grenzen sind nothwendig, um diesen Anstalten ihren besonderen erziehlichen Charakter zu wahren.

§ 4.

Die Sträflinge sind von anderen Gefangenen, die Haftsträflinge von den Gefängnißsträflingen zu trennen. Ausnahmen sind nur in Fällen eines dringenden Bedürfnisses gestattet.

Die männlichen Sträflinge sind von den weiblichen räumlich derart getrennt zu halten, daß jede Begegnung ausgeschlossen bleibt.

Anmerkung.

Diese mit § 4 des Entwurfs von 1879 wörtlich übereinstimmenden Normen stützen sich auf allgemeine Lehren der Gefängnißkunde und bedürfen keiner weiteren Begründung.

§ 5.

Die Strafanstalten dürfen nicht zugleich als Erziehungs- oder Besserungsanstalten (§ 56 des St.G.B.) oder als Arbeitshäuser (§ 362 des St.G.B.) benützt werden.

Anmerkung.

Die in § 5 erwähnte Vereinigung von verschiedenen Anstalten mit verschiedenen Aufgaben würde einen Rückfall in den bedauerlichen Zustand früherer Zeiten, als die große Bedeutung wohlorganisirter Strafanstalten noch nicht erkannt war, bedeuten. Eine Verbindung verschiedenartiger Institute führt nothwendig zu einer Kollision der beiderseitigen Interessen und zu einer Beeinträchtigung der beiderseitigen Zwecke.

Es ist darum gewiß nur zu billigen, wenn der Entwurf von 1879 in seinem § 5 der Strafe ihren ernsten und strengen Charakter durch Fernhaltung aller denselben beeinträchtigenden Einflüsse in vollem Umfange zu wahren gesucht hat.

II. Leitung und Aufsicht.

§ 6.

Den Landesregierungen bleibt vorbehalten, diejenigen Behörden zu bestimmen, unter deren Leitung, Aufsicht und einheitlichen Oberaufsicht der gesammte Strafvollzug steht.

Anmerkung.

Es gilt als Grundsatz, daß jeder Einzelstaat die von seinen Gerichten erkannten Strafen in eigener Zuständigkeit zu vollziehen hat. Das Reich als solches hat keine Strafanstalten.

Aus dem Gesagten folgt von selbst, daß Leitung wie Oberleitung der dem Strafvollzuge dienenden Anstalten und Einrichtungen in den Händen der Einzelregierungen liegen müssen.

Die Versammlung des Vereins deutscher Strafanstaltsbeamter zu München hat unterm 5. September 1871 ihre Ansicht dahin ausgesprochen,

> „daß die Leitung des gesammten Gefängnißwesens eines Landes einer besonderen Central-Gefängnißbehörde zu unterstellen sei, daß es wünschenswerth sei, daß die einheitleiche Leitung des Gefängnißwesens eine kollegialische Organisation erhalte, und daß die Leitung des Strafvollzuges überall dem Ressort des Justiz-Ministeriums zugewiesen werde“.*)

Viel wichtiger als der letztere Punkt erscheint die Sorge für einheitliche und für sachkundige Oberaufsicht.

---

*) s. Bl. f. Gef.-Kunde Bd. VI. S. 38.

Die Unterstellung des Gefängnißwesens unter mehrere Ministerien desselben Landes führt zu zahlreichen und großen Inkonvenienzen. Es dürfte genügen, in dieser Hinsicht auf die Verhandlungen der Preußischen Abgeordnetenkammer zu verweisen, in welchen eine Theilung der in Rede stehenden Regierungsgeschäfte zwischen dem Ministerium der Justiz und dem des Innern, seit einer langen Reihe von Jahren, immer wieder auf's Neue als besserungsbedürftiger, eine Aenderung dringend erheischender Zustand bezeichnet und beklagt wird.*)

Die vollkommene Einheitlichkeit des Stafvollzuges innerhalb eines Landes ist eine Forderung der Gerechtigkeit, für deren Erfüllung nur durch eine einheitliche Oberleitung Gewähr geleistet werden kann. Auch der internationale Gefängnißkongreß zu Stockholm (1878) hat seine Ansicht dahin kund gegeben,

> „es sei nicht allein nützlich, sondern nothwendig, daß eine Centralstelle bestehe, welche alle Gefängnisse ohne Ausnahme, und ebenso alle Erziehungs= und Besserungs=Anstalten für Jugendliche überwacht und leitet".

§ 7.

Die Aufsicht über eine Strafanstalt kann einem aus mehreren Personen bestehenden Aufsichtsrathe übertragen werden. Die Zusammensetzung und die Befugnisse des Aufsichtsrathes werden durch die Dienstanweisung bestimmt.

Anmerkung.

„Das Institut der Aufsichtsräthe gehört zu den angefochtensten Einrichtungen des Gefängnißwesens", sagt Dr. von Jagemann, welcher im Handbuche des Gefängnißwesens**) die Gründe für und gegen die Einrichtung ausführlich bespricht.

Fueßlin***) hält die Erfüllung der dem Aufsichtsrathe gemachten Auflagen für die bürgerlichen Mitglieder desselben wegen Mangels an Personal= und Sachkenntniß für undurchführbar und die denselben ein=

---

*) s. u. A. Bl. f. Gef.=Kunde Bd. VI. S. 183 ff.; ferner Krohne, der gegenwärtige Zustand der Gefängnißwissenschaft in der Zeitschr. f. d. ges. Straf=R.=Wiss. Bd. I. S. 74 ff.

**) v. Holtzendorff, Handb. d. Gef.=Wes. Bd. II. S. 43.

***) Fueßlin, Die Einzelhaft S. 110.

geräumte Oberaufsicht über die Strafanstaltsbeamten mit deren Stellung als Staatsdiener für unvereinbar.

Zugschwerdt*) äußert seine Meinung dahin, es liege in der Institution etwas Gutes, allenfallsige Gefahren ließen sich durch zweckmäßige Organisirung, durch richtige Abgrenzung des Wirkungskreises vermeiden u. s. f.

Stevens, belgischer Gefängnißdirektor,**) meint, wenn der Gefängnißdirektor auf der Höhe seiner Aufgabe stehe, dann spiele die Aufsichtskommission eine überflüssige Rolle; entgegengesetzten Falles vermöge sie doch nicht die Verhältnisse auf einem annehmbaren Fuße zu erhalten.

Nach Krohne's***) Ueberzeugung werden Aufsichtsräthe in Staaten mit einer ausgebildeten Beamtenhierarchie, wenn sie wirksam eingreifen, die Verwaltung stören; wenn sie die Verwaltung gewähren lassen, nur einen ziemlich überflüssigen Zierrath bilden. K. hält für besser, daß die Ueberwachung der Verwaltung durch die staatlich verordneten Organe geführt werde.

Von dem Verein deutscher Strafanstaltsbeamter wurde in einer 1877 in Stuttgart abgehaltenen Versammlung eine die Aufsichtsräthe für die Verwaltung der Strafanstalten empfehlende These mit großer Einmüthigkeit abgelehnt.

Dagegen hat sich der internationale Gefängnißkongreß zu Rom (1885) nach lebhafter Bekämpfung der Einrichtung von verschiedenen Seiten in seiner Majorität für Einsetzung eines Aufsichts- und Beistands-Rathes mit wesentlich eingeschränkten Befugnissen bei jedem Strafgefängnisse ausgesprochen.

Bei solcher Verschiedenheit der Anschauungen über den Werth und die Bedeutung des Institutes hat der Entwurf von 1879 gewiß den rechten Weg gefunden, indem er den Einzelstaaten, in denen die Einrichtung sich bewährt und eingebürgert hat, die Beibehaltung derselben ermöglicht, auf die Regierungen anderer Einzelstaaten, bei denen Sympathien für die Aufsichtsräthe nicht vorhanden sind, dagegen keinerlei Zwang zu deren Einführung ausgeübt haben will.

Zu den nothwendigen Funktionen der Aufsichtsbehörde gehört zweifelsohne die zeitweise Vornahme von Visitationen der Gefängnisse. Von größerer Wichtigkeit und Bedeutung als die Zahl solcher Revisionen ist die gründliche und sachkundige Vornahme derselben.

---

*) Zugschwerdt, Der Vollzug der Freiheitsstrafe S. 393.

**) Stevens, Le régime des établissements pénit. S. 130.

***) Krohne, Lehrb. d. Gef.-Kunde S. 328.

In welcher Weise und wie oft dergleichen Untersuchungen anzustellen sind, darüber werden wohl die Regierungen der Einzelstaaten zu befinden haben. Sie werden diesem Punkte um so größere Aufmerksamkeit schenken, wenn die vorschriftsmäßige Strafvollstreckung dereinst von Reichswegen überwacht werden wird.

Aus den angeführten Gründen halte ich den § 9 des Entwurfs von 1879, wonach jede Strafanstalt mindestens einmal jährlich revidirt werden sollte, für überflüssig und für zu weit gehend.

III. Strafzeit.

§ 8.

Wird ein Sträfling in Untersuchungshaft genommen, so ist deren Dauer auf die Strafzeit nur in dem Falle anzurechnen, wenn die Untersuchung, anläßlich deren er in Haft genommen worden ist, für ihn keine Verurtheilung zur Folge hatte.

Anmerkung.

Dr. von Jagemann*) erklärt es für geltendes Recht in Deutschland, daß durch die Versetzung eines Gefangenen aus der Straf- in die Untersuchungs-Haft der Lauf der Strafzeit unterbrochen werde; doch sei eine Remedur durch die ausdrückliche Verfügung, daß der Strafvollzug selbst bei Versetzung in ein Untersuchungsgefängniß fortzusetzen sei, möglich.**) Der erstere, die Regel bildende Satz folge aus den §§ 482 und 493a der R.St.P.O. e contrario.

Dieser Art von Beweisführung widerspricht es, wenn an derselben Stelle angeführt wird, daß bei Versendung von Sträflingen in die Gefängnisse anderer Orte zur Zeugeneinvernahme die Einrechnung der dort und auf dem Transporte zugebrachten Zeit nicht zu beanstanden sei.

Ich halte dafür, daß der den oben allegirten Paragraphen der R.St.P.O. zu Grunde liegende Gedanke analoge Anwendung auch auf andere Fälle zu finden und eine Strafunterbrechung dann nicht einzu-

*) v. Holtzendorff, Handb. d. Gef.-Wes. Bd. II. S. 99 ff.

**) Rechtsspr. d. Reichsger. in Straff. II, 456.

treten habe, wenn ohne Verschulden des Sträflings eine Abwesenheit desselben vom Straforte bei fortdauerndem Freiheitsentzug stattfindet.

Aus diesem Grunde ist die in Untersuchungshaft zugebrachte Zeit auf die Strafzeit anzurechnen, wenn sich nachträglich herausstellt, daß zur Verhängung der Untersuchungshaft kein Grund vorlag, daß diese mit Unrecht gegen den Sträfling verfügt wurde.

Der gegen diese Anschauung erhobene Einwand, daß auch der aus dem Zustande der Freiheit in Untersuchungshaft Genommene für diese, falls die Untersuchung nicht mit seiner Verurtheilung endigt, nicht schadlos gehalten werde, daß deshalb auch der Sträfling in gleichem Falle keine Berücksichtigung verdiene, in einer solchen Begünstigung vielmehr eine Unbilligkeit gegen den ersteren zu erblicken sei, wird sich bei näherer Prüfung nicht aufrecht erhalten lassen.

Recht und Billigkeit verlangen, jede Gelegenheit zu benützen, begangenes Unrecht zu tilgen und wieder gut zu machen.

Eine Restitution dagegen, wo solche möglich zu unterlassen, und diese Unterlassung durch Berufung auf ein anderes Unrecht begründen zu wollen, verstößt gegen die Gebote der Sittlichkeit.

Vorstehenden Gründen verdankt § 8 die ihm gegebene, von § 10 des Entwurfes von 1879 abweichende Fassung.

§ 9.

Die Aufnahme in die zum Strafvollzuge dienenden Anstalten darf nur auf Grund einer schriftlichen Benachrichtigung seitens der zuständigen Strafvollstreckungsorgane (§ 483 d. R.St.P.O.), welcher alle zum Strafvollzuge dienlichen Belege und Behelfe anzufügen sind, erfolgen.

Vor Ablauf der festgesetzten Strafzeit darf ein Sträfling nur auf Grund schriftlicher Weisung der Strafvollstreckungsbehörde oder einer anderen hierzu zuständigen Stelle entlassen werden.

Anmerkung.

Die in § 11 des Entwurfes von 1879 angeführten Beilagen des Aufnahmebefehles brauchen meines Erachtens im Gesetze nicht besonders namhaft gemacht zu werden. Die näheren Bestimmungen, die Einlieferung und Annahme von Strafgefangenen betreffend, können im Wege der Dienstordnung getroffen werden.

Als diejenige Stelle, welche außer den Strafvollstreckungsbehörden eine alsbaldige Entlassung von Sträflingen aus dem Gefängnisse z. B. in Folge von Begnadigung anzuordnen befugt ist, dürfte mit Grund das Justizministerium bezeichnet werden.

§ 10.

In jedem Strafgefängnisse sind genaue Aufschreibungen über Aufnahme und Entlassung, desgleichen über die Personalien und sonstige den Strafvollzug berührende Verhältnisse jedes Strafgefangenen zu führen.

Anmerkung.

Der Absatz 2 des § 12 des Entwurfes von 1879 enthält spezialisirte Vorschriften, welche sich besser zur Aufnahme in eine Dienstanweisung als zur Aufnahme in ein Gesetz eignen.

§ 11.

Der Sträfling kann beanspruchen, daß ihm bei seiner Entlassung ein amtliches Zeugniß über Verbüßung seiner Strafe ausgestellt werde.

Anmerkung.

Es besteht keinerlei Anlaß, dem Gefangenen ein solches Zeugniß zu verweigern. Dasselbe kann ihm beim Mangel an sonstigen Legitimationspapieren als Ausweis über seine Persönlichkeit dienen. Dasselbe kann ferner seitens der Anstaltsdirektion dazu benutzt werden, ihm die Marschroute vorzuzeichnen, welche er zunächst bestehender Vorschrift gemäß einzuschlagen hat.

IV. Strafbehandlung der Gefangenen.

Vorbemerkungen.

Die dem Gefangenen am Straforte zu Theil werdende Behandlung, die Abgrenzung seiner Befugnisse, die der Geltendmachung seiner Persönlichkeit gezogenen Schranken, das strenge Anhalten zur genauesten Erfüllung der ihm auferlegten Verpflichtungen und zur gewissenhaften Beobachtung der Anstaltsgebote (Hausregeln) bildet den Inhalt der zu erduldenden Strafe.

Zur Strafbehandlung gehört die Haftform, die leibliche Unterhaltung, die geistige und sittliche Pflege der Gefangenen, ihr Verkehr nach außen, Beschäftigung und Erholung, Gesundheits- und Krankenpflege innerhalb des Gefängnisses.

Die Strafbehandlung, dem Gesagten zufolge gleichbedeutend mit Strafvollzug, muß, wenn dieser von Erfolg gekrönt sein soll, von richtigen Grundsätzen sich leiten lassen.

Die Strafvollzugsprinzipien lassen sich kurz in die folgenden Sätze zusammenfassen.

Allgemeine Vorschriften.

§ 12.

Alle Gefangenen werden nach gleichen Grundsätzen behandelt.

§ 13.

Die Behandlung der Gefangenen soll im Allgemeinen ernst und streng, dabei aber gerecht und menschlich sein.

Den unter den Gefangenen bestehenden Unterschieden in Bezug auf Geschlecht, Alter, Gesundheit, Bildung, frühere Beschäftigung und Berufsart soll die gebührende Rücksicht zugewendet werden, während Standes- und Vermögens-Unterschiede Ausnahmen in der Behandlung nicht zu begründen vermögen.

Beim Strafvollzuge ist, unbeschadet der Verfolgung der Strafzwecke, größtmögliche Sparsamkeit zu üben.

Anmerkung zu §§ 12 und 13.

So sehr die Ansichten über den Zweck der Strafe auseinandergehen, darüber besteht keine Meinungsverschiedenheit, daß zum Wesen und Charakter der Strafe Ernst und Strenge gehören.

Die Freiheitsstrafe besteht heut zu Tage der Hauptsache nach in Einschließung und in dem Zwange, am Straforte nach einer fest bestimmten, für alle Gefangenen gleichen Regel zu leben.

Die früheren Zuthaten und Schärfungen, auf Erregung von Schmerzgefühl berechnet, mußten einer geläuterten Rechtsanschauung und einer richtigen Würdigung der Menschennatur weichen.

Die von uns geforderte Strenge im Vollzug der Freiheitsstrafen kann sich heut zu Tage nur in intensiver Freiheitsbeschränkung und in strikter Aufrechthaltung der im Strafhause eingeführten Ordnung äußern.

Auf daß der Strafernst, in Zwang und Beschränkung sich kundgebend, nicht in Härte und Grausamkeit ausarte, wodurch jeder Erfolg unserer auf bürgerliche Besserung eines Theils der Verurtheilten gerichteten Bestrebungen vereitelt würde, huldigt eine rationelle Strafvollstreckung dem Humanitätsprinzip, wonach die dem Menschen angeborenen und unveräußerlichen Rechte auch im Verbrecher anerkannt und geachtet werden sollen. Dahin gehört vor Allem der Anspruch auf Erhaltung des Lebens und der Gesundheit und auf Befriedigung geistiger, sittlicher und religiöser Bedürfnisse.

Die Gerechtigkeit im Strafvollzuge besteht darin, daß bei allen Verurtheilten ohne Unterschied das oberste Ziel der Strafe, Verhütung des Rückfalls, angestrebt wird. Die Gerechtigkeit darf nicht darin gesehen werden, daß alle Strafgefangenen ganz die gleiche Behandlung erfahren. Ein solches Verfahren wäre irrationell und verkehrt. Jenes einheitliche Ziel, von dem wir soeben sprachen, vermag nur auf verschiedenen Wegen erreicht zu werden; maßgebend für Verfolgung dieses oder jenes Weges ist die Individualität des zu Behandelnden.

Wie der Strafernst sein Korrektiv in der Humanität, so findet das Gerechtigkeitsprinzip das richtige Maß und Ziel durch den Individualisirungsgedanken, dessen Verwirklichung und Anwendung verhütet, daß summum jus zu summa injuria werde.

„Die gerechte Vergeltung kann", wie v. Holtzendorff*) so schön und treffend sich ausdrückt, „kein mechanischer oder mathematisch berechenbarer Akt sein, schließt also die Berücksichtigung der Persönlichkeit nicht nur nicht aus, sondern bedingt sie. Der Grundsatz der Individualisirung der Gefangenen steht nicht im Widerspruch zur Gerechtigkeit, sondern ist erst deren wahre Erfüllung."

Wir verstehen unter Individualität die Gesammtheit derjenigen Merkmale, wodurch sich ein Wesen als Individuum zu erkennen giebt, d. i. als ein Wesen mit eigenthümlichen Eigenschaften und Kräften, wodurch es sich von jedem anderen Wesen seiner Gattung unterscheidet.

*) s. Handb. d. Gef.-Wes. Bd. I. S. 389.

Individualisiren beim Strafvollzuge heißt nichts Anderes, als jedem Gefangenen diejenige Behandlung angedeihen lassen, welche im Hinblick auf seine körperliche wie geistige Eigenart als die zur Erreichung des Strafzweckes tauglichste sich darstellt.

Die Fehler, welche bei Anwendung dieses Grundsatzes nicht selten gemacht werden, haben ihren Grund entweder in einem unrichtigen Urtheil über das Bedürfniß oder in einer ungeschickten Wahl des Befriedigungsmittels. Den richtigen Maßstab für das wahre Bedürfniß, dem durch Individualisiren Rechnung getragen werden muß, finden wir nur im Strafzwecke.

Ein Bedürfniß, dessen Nichtbeachtung diesen gefährden oder gar zu vereiteln drohte, nennen wir ein wirkliches oder wahres. Dahin zählen namentlich die Anforderungen, welche Alter, Geschlecht, Gesundheitsverhältnisse, Körperkonstitution erheben, ferner die Rücksichten, welche geistige Bildung, moralische Führung am Strafplatze u. s. f. in Bezug auf Behandlung der Gefangenen erheischen.

Eine Ueberschreitung der Grenze läge schon in der Berücksichtigung von Gewohnheiten, welche man zu Gunsten von Verbrechern aus den sogenannten besseren Ständen wollte eintreten lassen.

Auch die Art des Vergehens kann und darf keinen Unterschied im Strafvollzuge begründen, wohl aber, wie bereits oben ausgeführt, der Unterschied der Verbrecher in Bezug auf ihr Verhalten gegen die Gesellschaft (soziale oder antisoziale Gesinnung).

Wie schon oben angedeutet wurde, verlangt richtiges, vernünftiges Individualisiren, daß Bedürfniß und Befriedigungsmittel in richtigem Verhältnisse zu einander stehen.

Wollte man z. B. höhere Bildung und die damit verbundenen höheren Ansprüche des Geistes durch bessere Leibesnahrung zu befriedigen suchen, so wäre ein solches Verfahren nicht weniger unverständig, als das Bemühen, das Bedürfniß nach besserer und feinerer Kost durch Vermehrung der Lektüre oder durch ein höheres Maß von Unterrichtsstunden zufrieden zu stellen.

Zur Begründung des letzten Absatzes unseres Paragraphen dürften wenige Worte genügen:

Die Strafe ist ein Uebel, das sich nicht bloß für den Gefangenen und seine Familie, sondern auch für das Gemeinwesen in hohem Grade fühlbar zu machen pflegt. Namentlich sind es die Kosten des Strafvollzuges, welche von der Gesellschaft als schwere Last empfunden werden. Mit Fug und Recht kann daher der Steuer zahlende Bürger die Forderung erheben, daß bei Vollziehung der Freiheitsstrafe die größtmöglichste Einfachheit und Sparsamkeit beobachtet und jeder Aufwand vermieden werde, welcher nicht im öffentlichen Interesse geboten erscheint.

Haftweise.

§ 14.

Die Zuchthausstrafe ist regelmäßig in Gemeinschaftshaft zu vollziehen, ebenso auch Gefängnißstrafen, welche nicht ganz oder theilweise wegen Vergehen gegen fremdes Eigenthum (Abschn. XIX—XXIII. d. R.St.G.B.) oder wegen Sittlichkeitsvergehen erkannt worden sind.

Gefängnißstrafen wegen der soeben erwähnten Reate wie geschärfte Gefängnißstrafen sind regelmäßig in Einzelhaft zu verbüßen.

Die Versetzung in Einzelhaft kann vom Gefängnißvorstande auch aus disziplinären und aus polizeilichen Gründen erkannt werden.

In Kollektivhaft gehaltene Gefangene, von denen geschlechtliche Ausschreitungen zu besorgen sind, sollen bei Nachtzeit von Mitgefangenen getrennt werden.

Eine Versetzung aus Einzelhaft in gemeinsame Haft darf vom Anstaltsvorstande vorgenommen werden, wenn nach dem Betragen und den Eigenschaften des Gefangenen sein Zusammensein mit anderen Sträflingen für unnachtheilig zu erachten ist.

Anmerkung.

Die Haft bildet den wichtigsten Theil der Strafbehandlung. Die Frage, ob dem Gefangenen Gesellschaft und Umgang mit seinesgleichen zuzulassen oder vorzuenthalten sei, läßt sich nicht durch ausschließliche Annahme eines der verschiedenen Haftsysteme entscheiden; sie kann nur richtig gelöst werden nach Maßgabe der in § 13 aufgestellten Grundsätze und an der Hand der über die Wirkung der verschiedenen Haftweisen vorliegenden Erfahrungen. Im Grunde genommen giebt es nur zweierlei Haftformen, einsame und gemeinsame Haft; die weiteren im Laufe der Zeit aufgekommenen sogenannten Haftsysteme sind lediglich Kombinationen aus jenen beiden Hauptformen.

Wäre die weit verbreitete Ansicht richtig, daß Einzelhaft eine schwerere Haftform sei als Gemeinschaftshaft, dann läge allerdings ein gewichtiger Grund vor, die erstere Haftweise in erster Linie auf solche Verurtheilte anzuwenden, welche durch wiederholte Rückfälle ihre hochgradig rechtswidrige und gesellschaftsfeindliche Gesinnung offenbart und dadurch strengstes Vorgehen des Staates gegen ihre fortgesetzten Angriffe gegen die Rechtsordnung herausgefordert haben.

Allein in der That und in der Wahrheit übertrifft heut zu Tage die Einzelhaft vermöge ihres humanen Vollzuges keineswegs die Kollektivhaft an Ernst und Strenge; vielfache Erfahrungen liefern vielmehr den unumstößlichen Beweis, daß viele unserer ständigen Gefängnißinsassen um die Straferstehung in der Zelle nachsuchen, weil sie im Zusammenleben mit ihresgleichen die ärgste Pein erblicken.

Mit vollem Rechte und mit gutem Grunde hat deshalb das R.St.G.B. beide Haftarten gleich gewerthet, die Einzelhaft für Gefängniß- wie für Zuchthaus-Strafen zugelassen und an ihren Vollzug eine Kürzung der Strafdauer nicht geknupft.

Der Strafzweck (ne peccetur) vermag an Unverbesserlichen nur durch möglichst lange Verwahrung und Einflößen heilsamer Furcht vor der Strafe erreicht zu werden. Dazu bedarf es aber keiner Isolirung, dieselbe wird, da sie besondere Erfolge an der bezeichneten Kategorie von Verurtheilten nicht verspricht, durch die Rücksicht auf den Kostenpunkt geradezu ausgeschlossen.

Wie schwer der letztere in die Wagschale fällt, beweist die aus Anlaß des Entwurfs von 1879 angestellte Berechnung, wonach sich die Kosten für Zellenbauten bei allgemeiner Einführung der Einzelhaft in Deutschland auf etwa 69 Millionen Mark belaufen würden.

Der gewiß berechtigte Standpunkt der Sparsamkeit spricht gebieterisch dafür, von der Zellenhaft wegen der mit ihrer Anwendung untrennbar verknüpften hohen Bau- und Verwaltungs-Kosten nur in denjenigen Fällen Gebrauch zu machen, wo ihre Anwendung durch den Strafzweck geboten und erfahrungsgemäß bessere Resultate als von einer anderen, weniger kostspieligen Haftweise zu erwarten sind.

Interessant und bedeutsam ist es, daß die soeben von uns entwickelte Ansicht, daß die Strafe an habituellen und professionellen Verbrechern nicht in Einzelhaft vollzogen werden solle, gerade in solchen Ländern, wo die Trennungshaft die größte Verbreitung gefunden hat, und darum die meisten Erfahrungen über deren Nutzen und Werth zu gewinnen waren, sich Geltung verschafft und praktische Anwendung gefunden hat.

Prins,*) Generalinspektor der belgischen Gefängnisse, äußert sich dahin, es wäre ein Beweis strafbarer Naivetät, auf die Unverbesserlichen die Besserungstheorie anwenden zu wollen; man müsse den Muth haben, sie unschädlich zu machen. Ob in Zellengefängnissen oder in gemeinsamer Haft, sei durchaus nebensächlich. Jedenfalls aber sei der Luxus unserer modernen Gefängnisse so lange nicht am Platze, so lange für die nichtverbrecherische arme Bevölkerung nicht in genügender Weise Sorge getragen sei.

Die Dienst- und Haus-Ordnung für die Central-Strafanstalten des Großherzogthums Baden von 1891 bestimmt im § 4, daß männliche Zuchthaussträflinge regelmäßig dem auf Einzelhaft eingerichteten Männerzuchthause Bruchsal zuzuweisen seien, eine Ausnahme hiervon aber dann zu machen und Ablieferung an das dortige Landesgefängniß mit Gemeinschaftshaft zu erfolgen habe, wenn es sich um den Vollzug einer wegen einfachen Diebstahls oder Betrugs erkannten Strafe handelt und ein wiederholter Rückfall in Diebstahl oder Betrug vorliegt.

Wie die Zellenhaft den sogenannten Unverbesserlichen gegenüber sich als unnütz und wirkungslos erweist, so darf ihre Anwendung auf Affekt- und Gelegenheits-Verbrecher, Eigenthums- und Sittlichkeits-Verbrecher ausgenommen, als überflüssig und unnöthig bezeichnet werden. Erwähnte Kategorie von Verbrechern ist, wenn sie mit anderen gefährlichen Elementen nicht vermischt wird, keiner Ansteckungsgefahr ausgesetzt, es bedarf ihnen gegenüber, um den Strafzweck zu erreichen, keineswegs eines eingehenden Besserungsverfahrens. Leute dieser Art bringen Reue und gute Vorsätze meist schon in die Strafanstalt mit, und brauchen solche Gesinnungen nicht erst durch längere Einsamkeit in einer Zelle geweckt zu werden.

Sehr zutreffend lautet in dieser Beziehung das Urtheil von Holtzendorff's.**)

„Es scheint", so sagt der genannte Verfasser, „als ob man den Besserungszweck häufig zu allgemein auffaßte, während es doch Vergehen, Handlungen giebt, bei denen Besserung gegenstandslos ist. In solchen Fällen mag Einzelhaft ganz zweckmäßig sein, allein sicherlich genügt auch die gemeinsame Haft, wenn man für disziplinäre Bedürfnisse eine Anzahl

---

*) s. Prins, Criminalité et répression 1886. Cap. V.

**) v. Holtzendorff, Kritische Untersuchungen über die Grundsätze und Ergebnisse des irischen Strafvollzuges. 1865. S. 116.

von Zellen zur Verfügung hält. Von der Nothwendigkeit, die wegen Fahrlässigkeit oder wegen einer im Affekte begangenen Körperverletzung verurtheilten Personen grundsätzlich von einander zu isoliren, können wir uns nicht überzeugen."

Auch Kühne*) meint, daß gewisse Klassen von Gefangenen in ihrer Ueberzahl nach erstandenen Antrittstagen nichts in Einzelhaft zu thun haben, wie politische Verbrecher, sonst unbescholtene Todtschläger, Kindsmörderinnen u. s. f.

Dagegen erfüllt die Einzelhaft ihre Aufgabe, bestehend in Verhinderung gegenseitiger moralischer Ansteckung und in Erleichterung bessernder Einwirkung auf den Gefangenen, wenn sie auf Verbrecher gegen fremdes Eigenthum und auf Sittlichkeitsverbrecher angewendet wird, welche nach ihrem Vorleben die Hoffnung gewähren, durch richtige Behandlung am Strafplatze vor gänzlichem Verderben gerettet werden zu können. Leute dieser Art werden sich und Anderen durch Annäherung gefährlich, weshalb Trennung noththut, ohne welche auch bessernde Einwirkung auf ihr Inneres sich als erfolglos erweisen würde.

Bloß auf sie wünschten wir die Zellenhaft als nothwendig und nützlich angewandt zu sehen.

Die beiden anderen großen Gruppen von Verurtheilten, Gelegenheits- und Affekt-Verbrecher einerseits wie gewohnheitsmäßige und professionelle Verbrecher andererseits, brauchen lediglich in verschiedenen Anstalten oder Abtheilungen untergebracht zu werden, innerhalb dieser Anstalten und Abtheilungen aber bedarf es keiner weiteren Trennungsmaßnahmen.

Die Absichten, welche wir den beiden Gruppen gegenüber verfolgen, Anbahnung bürgerlicher Besserung und Sicherung der Gesellschaft, erreichen wir auch in Gemeinschaftshaft; die Besseren und Besserungsfähigen den Einflüssen der Schlimmeren und Unverbesserlichen zu entziehen, dazu genügt, wie bereits bemerkt, eine entsprechende Klassifikation, verbunden mit räumlicher Ausscheidung, welche sich nach unseren Vorschlägen von selbst in der Weise ergeben würde, daß erstere Klasse in den Landesgefängnissen, die letztere in Zuchthäusern untergebracht würde.

Wenn wir in Absatz 2 verlangen, daß die geschärfte Gefängnißstrafe in Einzelhaft vollzogen werde, so liegt der Grund dieser Forderung in der Gefahr, daß die Schärfungen der Strafe durch das Zusammensein mit Haftgenossen illusorisch gemacht werden können.

---

*) Kühne, Grundzüge für Ordnung des Pönitentiarwesens in der Schweiz. 1873. S. 40.

Die Verhängung der Einzelhaft aus polizeilichen und disziplinären Gründen kann um so weniger beanstandet werden, als die beiden Haftarten, einsame und gemeinsame Haft, im Gesetze gleich gewerthet sind.

Von dem oben ausgesprochenen Satze ausgehend, daß von der kostspieligen Einzelhaft nur im Falle wirklichen Bedürfnisses Anwendung gemacht werden solle, wünschen wir, daß dem Strafanstaltsvorstande das Recht eingeräumt werde, den Gefangenen aus der Einzelhaft in die Kollektivhaft überführen zu dürfen, wenn diese Maßnahme für den Gefangenen sowohl wie für seine Haftgenossen mit keinerlei Nachtheilen verknüpft ist oder, mit anderen Worten, der Strafzweck in keiner Weise dadurch gefährdet wird.

Alle Zuchthaus- wie Gefängniß-Strafen mit Einzelhaft beginnen zu lassen, wie der Entwurf von 1879 vorschlägt, halte ich für schablonenhaft. Ein solches Verfahren verspricht wenig Gewinn und verstößt gegen den Grundsatz der Individualisirung. Warum einem System zu Lieb Einzelhaft, wenn auch nur auf einige Monate, verhängen, wenn dieser Haftmodus im Hinblick auf die Persönlichkeit des Verurtheilten keine überwiegenden Vortheile gegenüber der weniger kostspieligen Gemeinschaftshaft verspricht oder als ganz unnöthig oder geradezu zweckwidrig erscheint? Diejenigen Gefangenen, deren Zusammensein mit anderen Gefangenen nach Ablauf von 3 bezw. 6 Monaten für unnachtheilig zu erachten ist, werden der großen Mehrzahl nach von Anfang an für ihre Haftgenossen nicht gefährlich sein. Solche Gefangene dagegen, welche wir zur Einzelhaft vorschlagen, werden fast ausnahmslos bis an das Ende ihrer Strafzeit, oder so lange es das Gesetz gestattet, in Isolirhaft behalten werden müssen, wenn anders der Zweck der Trennung erreicht werden will.

Eine nächtliche Trennung aller in Gemeinschaftshaft gehaltenen Sträflinge ist nach meinen Erfahrungen durchaus nicht geboten. Der Gefahr sexueller Ausschreitungen kann in jeder Anstalt mit Kollektivhaft hinreichend durch eine mäßige Anzahl von Nachtzellen oder Boxes begegnet werden, bestimmt zur Aufnahme solcher Gefangenen, welche zu Exzessen der erwähnten Art geneigt sind.

Der § 14 des Entwurfs von 1879, der in seinem Absatz 1 bestimmte, daß die Zuchthaus- und die Gefängniß-Strafe mit Einzelhaft zu beginnen haben, sowie die Vorschrift in § 19, daß auch die in Kollektivhaft gehaltenen Sträflinge für die Nacht durch Einschließung in Einzelzellen von einander zu trennen seien, dürfen wohl vorzugsweise als die Klippen bezeichnet werden, an welchen der erwähnte Gesetzentwurf gescheitert ist. Die Kosten für Zellenbauten, welche sich an die Annahme des Vorschlages geknüpft haben würden, wurden, wie schon früher erwähnt, auf die riesige Summe von 69 Millionen Mark geschätzt. Im Vergleich zu dieser Summe dürften die Ausgaben für Errichtung von Zellen, welche in Folge unseres Vorschlages nothwendig würden, geradezu verschwinden. In den meisten deutschen Einzelstaaten dürfte der Bedarf an Zellen, den die Ausführung unseres obigen Paragraphen erheischt, bereits gedeckt, in manchen von ihnen sogar schon weit überschritten sein.

Die (gesetzlich) zulässige längste Dauer der Einzelhaft anlangend, so bestimmt § 22 Absatz 2 des R.St.G.B., daß dieselbe ohne Zustimmung des Gefangenen drei Jahre nicht übersteigen dürfe.

Richtiger wäre wohl, über die angeregte Frage in erster Linie das Bedürfniß und in zweiter Linie die Individualität des Gefangenen entscheiden zu lassen. Im öffentlichen Interesse gelegen und der Gerechtigkeit entsprechend ist es, die Vereinzelung des Gefangenen so lange dauern zu lassen, als die Gesellschaft mit Anderen die Erreichung des Strafzwecks, sei es an ihm oder an anderen, zu erschweren und zu vereiteln droht, dagegen verlangt die Humanität, von der soeben aufgestellten Forderung abzugehen, wenn von der Fortsetzung der Isolirung Schaden und Gefahr für die geistige oder körperliche Gesundheit des Sträflings zu besorgen ist.

Von diesem Standpunkte ausgehend, wünschte ich den Absatz 2 des § 22 des R.St.G.B. gestrichen, dagegen den § 17 des Strafvollzugs-Gesetzentwurfes von 1879 beibehalten.

Die von uns vertretene Ansicht, daß für die Strafbehandlung der Verurtheilten einzig und allein deren soziale Haltung oder das Maß ihrer sozialen (oder richtiger antisozialen) Gesinnung maßgebend sei, hindert uns, dem § 16 des Strafvollzugs-Gesetzentwurfes zuzustimmen, wonach Sträflinge, welche sich im Besitze der bürgerlichen Ehrenrechte befinden, bei Gemeinschaftshaft die Absonderung von solchen Gefangenen sollen beanspruchen können, welche sich nicht im Besitze der bürgerlichen Ehrenrechte befinden.

Eine derartige Trennung hat keinerlei praktischen Werth, ist auch durch den Strafzweck nicht geboten und würde lediglich Hindernisse und unnütze Schwierigkeiten im Strafvollzuge bereiten. Die von uns angefochtene Bestimmung ist ein Ausfluß der Vergeltungstheorie, welche in ihrer Anwendung auf den Strafvollzug keine Vortheile gewährt, sondern nur Schaden und Nachtheile verursacht.

Jede der beiden Strafarten, Freiheits- und Ehren-Strafe, sollte für sich behandelt und keiner ein Einfluß auf die andere eingeräumt werden. Der Strafgesetzgeber, indem er an die Verurtheilung zur Zuchthausstrafe einen theilweisen Verlust der bürgerlichen Ehrenrechte knüpft, verwechselt Ursache und Wirkung mit einander, indem in Wirklichkeit das die Verurtheilung veranlassende Verbrechen den Urheber desselben als der bürgerlichen Ehrenrechte unwürdig erscheinen läßt und die Verbüßung der ihn treffenden Strafe vom Standpunkte der sühnenden Gerechtigkeit gegen weitere Folgen schützen und davor bewahren sollte.

Wie es, logisch betrachtet, fehlerhaft ist, einer Freiheitsstrafe einen Einfluß in Bezug auf den Genuß politischer Rechte einzuräumen, so sollte auch der Einbuße an politischer Rechtsfähigkeit keine Wirkung auf den Vollzug einer Freiheitsstrafe beigemessen werden.

§ 15.

Sträflinge, welche das 18. Lebensjahr nicht vollendet haben, dürfen ohne Genehmigung der Aufsichtsbehörde nicht länger als 3 Monate in Einzelhaft gehalten werden.

Anmerkung.

Dieser Paragraph entspricht seinem Sinne nach dem § 15 des Entwurfes von 1879.

§ 16.

Die Einzelhaft ist in der Weise zu vollziehen, daß der Sträfling unausgesetzt von anderen Sträflingen in einer Zelle gesondert gehalten wird.

Die Trennung der Sträflinge hat auch bei der Bewegung im Freien, in Schule und Kirche, sowie bei sonstigen außerhalb der Zelle vorzunehmenden Verrichtungen stattzufinden.

Anmerkung.

Die Fassung dieses Paragraphen ist gleichlautend mit derjenigen des § 25 der Bad. Dienst- und Hausordnung von 1891.

§ 17.

Jeder Sträfling in Einzelhaft ist täglich mindestens viermal zu besuchen. Hierbei sind Besuche von Personen, welche nicht zum Gefängnißpersonale gehören, mitzuzählen.

Anmerkung.

Ernst und Strenge der Einzelhaft sind wesentlich bedingt durch die Unterbrechungen, welche die Einsamkeit in der Zelle durch Besuche erfährt. Im Interesse möglichster Gleichheit des Strafzwanges ist es geboten, die Mindestzahl solcher Besuche, welche dem Gefangenen zu gewähren sind, im Wege der Gesetzgebung festzustellen.

§ 18.

Einzelhaft ist ausgeschlossen, wenn von derselben eine Gefahr für die körperliche oder geistige Gesundheit des Gefangenen zu besorgen ist.

Anmerkung.

Ueber die Nothwendigkeit dieser Bestimmung habe ich mich bereits oben zu § 14 geäußert.

§ 19.

Auch die Haftstrafe kann in Einzelhaft vollstreckt werden.

Anmerkung.

Ueber die sittlichen Gefahren, womit der Aufenthalt in den kleinen, zum Vollzuge von kurzzeitigen Gefängniß- und von Haft-Strafen dienenden Gerichtsgefängnissen bedroht ist, wurde schon oft laute Klage geführt, und bedarf der beklagte Mißstand dringend der Abhilfe.

Gleiche Gefahren erheischen gleiche Mittel der Abwehr.

Es haben daher die oben entwickelten Grundsätze über Anwendung der Einzelhaft auch auf Haftstrafen entsprechende Anwendung zu finden. Ihre Durchführung in den kleinen Amts- oder Gerichts-Gefängnissen wird auf keine allzugroße Schwierigkeiten stoßen, wenn nach unseren Vorschlägen zahlreiche wegen Bettel und Landstreicherei erkannte Strafen in Zukunft in den Landesgefängnissen und Zuchthäusern zur Verbüßung kommen werden.

§ 20.

Bei gemeinschaftlicher Haft ist der Sträfling regelmäßig bei Tag wie bei Nacht mit anderen Gefangenen gemeinsam verwahrt.

Die Gefangenen haben sich aller Unterredungen zu

enthalten, welche nicht durch das Zusammenleben überhaupt oder durch die gemeinschaftliche Arbeit nothwendig werden.

Die Gefangenen sind unausgesetzt in der Art zu beaufsichtigen, daß in der Regel für jedes Arbeits- und für jedes Schlaflokal je ein Aufseher aufgestellt ist.

Die Ueberwachung von Gefangenen durch Mitgefangene ist untersagt.

Anmerkung.

Der Fassung dieses Paragraphen ist § 26 der Bad. Dienst- und Hausordnung von 1891, sowie § 11 Absatz 1 und § 12 Absatz 1 der Württ. Hausordnung für die Zuchthäuser und für die Landesgefängnisse von 1874 zu Grunde gelegt. Absatz 4 bezweckt, das auffälliger Weise durch einzelne Hausordnungen heute noch aufrecht erhaltene Institut der sogenannten Obleute oder Aufpasser, welches wegen seiner verderblichen und demoralisirenden Wirkungen in den meisten Staaten verpönt ist, aus sämmtlichen deutschen Strafanstalten verdienter Maßen zu verbannen.

Die Fassung von Absatz 4 ist der Bayer. Hausordnung für die Gefangenanstalten von 1862 (§ 8 Absatz 3) entnommen.

Arbeit.

§ 21.

Die zu Zuchthausstrafen und die zu Gefängnißstrafen Verurtheilten sind zur Arbeit während der Straferstehung verpflichtet.

§ 22.

Arbeiten, welche das Leben oder die Gesundheit der Gefangenen gefährden, dürfen denselben nicht auferlegt werden.

§ 23.

Bei der Zuweisung von Arbeit an Gefängnißgefangene ist außerdem auf deren Fähigkeiten, auf ihren seitherigen Beruf und ihre bisherige Beschäftigung, sowie auf deren ehrliches Fortkommen nach der Entlassung aus dem Gefängniß thunlichst Rücksicht zu nehmen.

§ 24.

Bei der Beschäftigung jugendlicher Personen (§ 57 d. St.G.B.) ist überdies auf deren berufliche Ausbildung und auf Erhöhung ihrer Erwerbsfähigkeit Bedacht zu nehmen.

§ 25.

Für die Beschäftigung der Sträflinge außerhalb der Strafanstalt sind die § 15 Absatz 2, § 16 Absatz 3, § 362 Absatz 1 des R.St.G.B. maßgebend.

Anmerkungen zu §§ 21—25.

Die Arbeit, wie sie heut zu Tage in den Gefängnissen der Mehrzahl kultivirter Staaten betrieben wird, ist an sich kein Uebel, verursacht nicht Leiden und Pein, sondern wird im Gegentheil von der Mehrzahl der Sträflinge gänzlicher Beschäftigungslosigkeit vorgezogen, von sehr vielen sogar als Wohlthat, als Erleichterung der Strafe empfunden. Durch das Maß des dabei geübten Zwanges kann aber immerhin die Arbeit für die Zwecke des Strafvollzuges verwerthet, es kann dadurch die Strafe mehr oder weniger erschwert und verschärft werden.

Der soeben erwähnte Zwang kann sich nach verschiedenen Richtungen äußern: als Freiheitsbeschränkung in Bezug auf die Wahl der Beschäftigung, in Bezug auf das Maß der Arbeit, der darauf zu verwendenden Zeit, in Bezug auf Verwerthung der Arbeitskraft, in Bezug auf Arbeitslohn, auf Verfügung über diesen u. s. f.

Unser R.St.G.B. bedient sich vorzugsweise des Maßstabes des Arbeitszwanges zur Differenzirung der verschiedenen Arten von Freiheitsstrafe. Nach § 15 unseres St.G.B. sind die zur Zuchthausstrafe Verurtheilten in der Strafanstalt zu den eingeführten Arbeiten anzuhalten. Sie können auch zu Arbeiten außerhalb der Anstalt, insbesondere zu öffentlichen oder von einer Staatsbehörde beaufsichtigten Arbeiten, verwendet werden, unter der Voraussetzung, daß die Gefangenen dabei von anderen freien Arbeitern getrennt gehalten werden.

Die zur Gefängnißstrafe Verurtheilten können nach § 16 Absatz 2 in einer Gefangenanstalt auf eine ihren Fähigkeiten und Verhältnissen angemessene Weise beschäftigt werden; auf ihr Verlangen sind sie in dieser Weise zu beschäftigen. Eine Beschäftigung außerhalb der Anstalt ist nur mit ihrer Zustimmung zulässig.

Gemäß § 17 Absatz 4 ist mit der Festungshaft lediglich Beaufsichtigung der Beschäftigung verknüpft.

Die Strafe der Haft besteht nach § 18 Absatz 2 in einfacher Freiheitsentziehung, entbehrt demnach des Arbeitszwanges.

Nach § 362 Absatz 1 können die nach Vorschrift des § 361 Nr. 3 bis 8 Verurtheilten (Bettler, Vagabunden, lüderliche Dirnen, Müßiggänger u. s. f.) zu Arbeiten, welche ihren Fähigkeiten und Verhältnissen angemessen sind, innerhalb und, sofern sie von anderen freien Arbeitern getrennt gehalten werden, auch außerhalb der Strafanstalt angehalten werden.

Die Bestimmungen in den §§ 15 und 16 haben zu vielen Klagen seither Anlaß gegeben und sich als zu strenger Durchführung ungeeignet erwiesen. Der Grund hiervon liegt in dem Umstande, daß Zuchthäuser und Gefangenanstalten im Durchschnitte eine ganz gleichartige Bevölkerung, besserungsfähige und unverbesserliche Verbrecher, beherbergen, auf welche gerade nach Maßgabe dieses Unterschiedes und nicht nach Maßgabe ihrer Verschuldung ein verschiedenes Maß von Arbeitszwang geübt werden sollte.

Dieser Forderung wird in vollem Maße entsprochen werden, wenn, wie unser Vorschlag lautet, für die Strafart in Zukunft das Maß der antisozialen Gesinnung die Entscheidung geben, und dem entsprechend die Zuchthäuser in Zukunft nur das unverbesserliche Gewohnheitsverbrecherthum, die Gefängnisse dagegen die Gelegenheits- und Affekt-Verbrecher aufnehmen würden. Von diesem Zeitpunkte an werden sich die dermaligen Bestimmungen unseres Strafgesetzbuches als ganz und gar zweckmäßig erweisen und zu weiteren Beanstandungen, wenigstens in der Hauptsache, keinen Anlaß mehr geben.

Wird in Zukunft ein namhafter Theil unserer Bettler und Stromer dem Zuchthause zugehen, so fällt auch die in § 362 Absatz 1 enthaltene, an zu weit gehender Humanität leidende Beschränkung hinweg, daß solche Leute nur ihren Fähigkeiten und Verhältnissen entsprechend beschäftigt werden können.

Zu beanstanden ist, daß in § 16 Absatz 2 des St.G.B. den Gefängnißgefangenen ein Recht, ein gesetzlicher Anspruch auf Zuweisung angemessener Beschäftigung eingeräumt wird.

Die Arbeit ist eine sittliche Pflicht im Allgemeinen; der Staat kann dieses moralische Gebot zu einer Zwangspflicht erheben und thut dieses auch mit guten Gründen den zu gewissen Freiheitsstrafen Verurtheilten gegenüber.

Ein Recht auf Arbeit in dem Sinne, daß der Einzelne von der Gesellschaft verlangen könnte, beschäftigt zu werden, existirt nicht; um so mehr sollte die zum Staate organisirte Gesellschaft sich hüten, einen derartigen Anspruch demjenigen zu gewähren, der selbst seine Pflichten gegen die Gesellschaft vergessen und dieselben gröblich verletzt hat.

Der Gerechtigkeit dürfte es entsprechen, die Gefängnißgefangenen wie den Züchtling für arbeitspflichtig zu erklären, der Gefängnißverwaltung dagegen die Pflicht aufzuerlegen, bei der Zuweisung von Arbeit nicht bloß, wie beim Zuchthausgefangenen, seine Gesundheitsverhältnisse und das Maß seiner Kräfte, sondern auch seine Fähigkeiten, seine Kenntnisse, seinen bisherigen Beruf, sein ehrliches Fortkommen nach der Entlassung nach Möglichkeit zu berücksichtigen und ins Auge zu fassen.

Ein solches Verfahren entspricht dem Strafzwecke, bestehend in Verhinderung des Rückfalles durch Anstreben bürgerlicher Besserung.

Wo solche Hoffnung durch die Persönlichkeit des Verurtheilten ausgeschlossen ist und diesem gegenüber lediglich der Sicherungs- und Abschreckungszweck in Betracht kommt, genügt der Staat seiner Pflicht, wenn er seine Sorge darauf richtet, daß durch die Beschäftigung des Gefangenen die Sicherheit nicht gefährdet, daß der Arbeitende den Strafzwang auch bei der Arbeit zu kosten bekommt, und daß die Arbeit ein möglichst großes Erträgniß im Interesse der Steuerzahler abwerfe.

Eine genaue Prüfung des Inhaltes der §§ 22—24 wird ergeben, daß die vorstehenden Bestimmungen in jeder Hinsicht den in § 13 aufgestellten Grundsätzen über Gefangenenbehandlung entsprechen.

Der Standpunkt der Gerechtigkeit ist in der Abstufung des Strafzwanges nach Maßgabe der antisozialen Gesinnung der Verurtheilten strengstens gewahrt; nicht minder ist der Forderung der Strenge durch die Bestimmungen über das Maß der zu leistenden Arbeit vollkommen Genüge geleistet.

Das Prinzip der Individualisirung findet in §§ 23 und 24, das der Humanität in § 22 seinen Ausdruck, wie das finanzielle und ökonomische Interesse des Staates in § 26 gewahrt ist.

Von der Arbeitspflicht der auf Grund des § 361 Ziff. 3—8 des Strafgesetzbuchs Verurtheilten ist in den vorstehenden Paragraphen aus dem Grunde nicht besonders die Rede, weil diese Kategorie von Delinquenten nach meinen Vorschlägen (s. Einleitung) in Zukunft Insassen der Gefängnisse und der Zuchthäuser werden und darum die gleiche Behandlung wie Gefängniß- und Zuchthaus-Gefangene erfahren sollen.

§ 26.

Der Arbeitsbetrieb in den Strafanstalten hat unbeschadet des Strafzweckes die Erzielung größtmöglicher Reinerträgnisse anzustreben.

Jede Einwirkung dritter Personen als Arbeitgeber auf den Strafvollzug ist auszuschließen; Arbeitsverträge, welche diese Folge haben könnten, sind verboten.

Anmerkung.

So sehr es im Interesse eines rationellen Strafvollzuges gelegen ist, daß die sogenannte Entreprise als Arbeitsbetriebsform aus den Gefängnissen ausgeschlossen werde, so glaubte ich doch von Formulirung eines hierauf bezüglichen Paragraphen wegen der hervorragend volkswirthschaftlichen Seite dieses Gegenstandes Umgang nehmen zu sollen.

Den Nachtheilen des erwähnten Systems für den Strafvollzug dürfte durch die Fassung des § 26 gründlich begegnet werden.

Das System wird vielleicht durch Annahme des vorstehenden Paragraphen von selbst aus den Strafanstalten verschwinden, ohne daß es als solches gesetzlich abgeschafft wird.

§ 27.

Die regelmäßige Arbeitszeit an Werktagen beträgt für Zuchthausgefangene in den Monaten November bis Februar einschließlich 10, in den übrigen Monaten 11 Stunden, für Gefängnißsträflinge 9 bezw. 10 Stunden.

Anmerkung.

Die gleiche Arbeitszeit, wie in vorstehendem Paragraphen, ist in § 24 des Entwurfes von 1879, entsprechend der in den meisten deutschen Strafanstalten bestehenden Uebung, vorgesehen.

§ 28.

Die arbeitspflichtigen Sträflinge haben während der festgesetzten Arbeitsstunden mit Fleiß und mit Aufbietung ihrer vollen Arbeitskraft der Arbeit sich hinzugeben.

Den Zuchthausgefangenen ist, soweit es die Art der ihnen angewiesenen Beschäftigung gestattet, eine tägliche Arbeitsaufgabe zu stellen, welche nach der mittleren Leistung eines gesunden arbeitskundigen Arbeiters unter Berücksichtigung der persönlichen Leistungsfähigkeit vom Anstaltsvorstande unter Beiziehung des Anstaltswerkpersonales bestimmt wird.

Die Vollendung der Arbeitsaufgabe befreit nicht von der Verpflichtung zum Fortarbeiten bis zum Schlusse der Arbeitszeit.

Anmerkung.

Eine mit dem Absatz 1 dieses Paragraphen übereinstimmende Norm werden nahezu die Hausordnungen sämmtlicher deutscher Strafanstalten enthalten. In Absatz 2 ist das Pensum als ein höheres Maß von Arbeitszwang zur Verschärfung der Zuchthausstrafe gegenüber der leichteren Gefängnißstrafe in Vorschlag gebracht.

§ 29.

Der Ertrag aus der Arbeit der Zuchthaus- und der Gefängniß-Gefangenen fließt in die Staatskasse. Doch wird diesen Sträflingen ein Theil davon als Arbeitsbelohnung — Nebenverdienst — nach Maßgabe der für Belohnung der Gefangenen geltenden Grundsätze (§§ 64 bis 67) bewilligt und gutgeschrieben.

Als Nebenverdienst darf den Zuchthausgefangenen als Höchstbetrag 20 %, den Gefängnißgefangenen 30 % des Gesammtarbeitsverdienstes gewährt werden.

Denjenigen Gefängnißsträflingen, welche die Kosten des Strafvollzuges ganz oder theilweise zu tragen haben, ist an dieser ihrer Schuld der Ertrag ihrer Arbeit, vorbehaltlich eines entsprechenden Abzuges für den mit der Beschäftigung verbundenen Aufwand in Abrechnung zu bringen.

Anmerkung.

Mit dem gesetzlich statuirten Strafzwange ist noch nicht entschieden, daß der Gefangene unentgeltlich die ihm aufgetragene Arbeit zu verrichten habe, so wenig wie durch die dem Staate obliegende Pflicht, für die Verpflegung der Gefangenen zu sorgen, ein Anspruch auf Ersatz der auf die Unterhaltung der Gefangenen erwachsenen Kosten ausgeschlossen wird.

Es steht aber sicherlich kein Hinderniß im Wege, die Strafe durch zwangsweises Anhalten des Sträflings zu unentgeltlicher Arbeitsleistung zu verschärfen. Ein solches Verfahren empfiehlt sich für die schwerste Freiheitsstrafe, d. i. für die Strafe des Zuchthauses. Dagegen sollte zum Zwecke der Differenzirung dieser Strafart gegenüber dem Gefängnisse der Arbeitsverdienst des Gefängnißsträflings nicht weiter von der Gefängnißverwaltung für sich in Anspruch genommen werden, als zur Deckung der Verpflegungskosten erforderlich ist, und sollte dem Gefängnißsträfling, welcher in letztgedachter Hinsicht seiner Ersatzpflicht dem Staate gegenüber gerecht wird, auch der Ertrag seiner in der Anstalt verrichteten Arbeit nicht vorenthalten werden, sondern vielmehr gesetzlich gesichert sein.

§ 30.

Der Sträfling haftet mit seinem Nebenverdienstguthaben nur für Ansprüche der Anstaltsverwaltung aus vorsätzlicher oder durch Fahrlässigkeit verursachter Vermögensbeschädigung, desgleichen für die durch seine Entweichung entstandenen Unkosten.

Zur Deckung anderer Verbindlichkeiten kann der Nebenverdienst der Gefangenen nicht im Wege der Zwangsvollstreckung in Anspruch genommen werden.

Anmerkung.

Diese Bestimmungen entsprechen der vorherrschenden Praxis.

§ 31.

Den zur Haft oder zur Festungshaft Verurtheilten ist während der Straferstehung jede Beschäftigung zu gestatten, welche mit dem Strafzwecke, mit der Sicherheit und mit der Ordnung vereinbar ist.

Unentgeltliche Vornahme häuslicher Verrichtungen für ihre Zwecke können sie von anderen Personen nicht beanspruchen.

Der Ertrag ihrer Arbeit gehört den Sträflingen selbst, vorbehaltlich eines Abzuges für den seitens der Gefängnißverwaltung für ihre Beschäftigung bestrittenen Aufwand.

Anmerkung.

§ 31 Absatz 2 bezweckt, den Haftsträfling zu verhindern, daß er sich, unter Berufung auf seine gesetzliche Befreiung von der Arbeitspflicht, der Vornahme häuslicher Verrichtungen für seine eigenen Zwecke, wie Reinigen der Zelle, Leeren des Nachtgefäßes 2c. weigere.

§ 32.

Dem Ermessen des Gefängnißvorstandes ist es anheimgestellt, Gefängnißsträflingen, welche sich gut betragen, an arbeitsfreien Tagen die Verrichtung von Arbeiten, durch deren Vornahme die Ruhe im Gefängnisse nicht gestört wird, zu gestatten.

Der Erlös solcher Arbeiten fällt den Gefangenen ausschließlich zu.

Anmerkung.

§ 32 enthält eine weitere Differenzirung der beiden Hauptarten von Freiheitsstrafen zum Nachtheile der Zuchthausgefangenen, von denen mancher in der Versagung von Sonntagsarbeit eine empfindliche Straferschwerung erblicken dürfte.

Beköstigung.

§ 33.

Die Beköstigung der Strafgefangenen hat nach Menge und Beschaffenheit dem Nahrungsbedürfnisse zu genügen.

Anmerkung.

Daß der Staat verpflichtet sei, diejenigen seiner Angehörigen zu ernähren, welchen er, allerdings in Folge ihres eigenen Verschuldens, die Freiheit und damit auch die Möglichkeit, für ihren Unterhalt selbst zu sorgen, entzogen hat, wird wohl auf keiner Seite irgend einem Zweifel begegnen. Es kann sich daher zunächst nur um den Umfang und die Grenzen dieser Obliegenheit handeln.

Strenge und Sparsamkeit, diese beiden von uns aufgestellten Forderungen des Strafvollzuges, beschränken die Verpflichtung des Staates, den Gefangenen Speise und Trank zu verabreichen, auf das dringendste Bedürfniß. Bei Befriedigung desselben muß vor Allem im Auge behalten werden, daß die Gefangenen in den Strafanstalten zu angestrengter Arbeit angehalten werden, und daß nicht nur die Menschlichkeit, sondern auch Klugheit und eigenes Interesse es dem Staate nahe legen, seine Zwangsarbeiter nicht nur nothdürftig am Leben, sondern dieselben vielmehr auch bei vollen Kräften zu erhalten.

§ 34.

In die Hausordnungen der Einzelstaaten sind Bestimmungen in Bezug auf die Ernährung der Gefangenen aufzunehmen, welche eine zureichende Rücksichtnahme auf die Verschiedenheit des Alters, des Geschlechtes, der Körperkonstitution, der Gesundheit und der Beschäftigung der Sträflinge ermöglichen.

Anmerkung.

Um dem wirklichen Nahrungsbedürfnisse zu genügen, das durch verschiedene Umstände sich sehr verschieden gestalten kann, ist bei Bestimmung der Befriedigungsmittel nach dem Grundsatze der Individualisirung nicht nur auf die Beschäftigung der Sträflinge, sondern auch auf Alter, Geschlecht, Körperkonstitution und Gesundheitsverhältnisse billige Rücksicht zu nehmen.

Demnach erscheint die Fassung des Strafvollziehungs-Gesetzentwurfs von 1879 in seinem § 28 viel zu enge, welcher lediglich bestimmt, daß Sträflinge, für deren Gesundheit die gewöhnliche Gefangenenkost nachtheilig sei, auf ärztliches Gutachten eine andere, ihrer Gesundheit zuträgliche Kost erhalten sollen.

Der allegirte Paragraph läßt nicht bloß die übrigen eine Abweichung von der Kostnorm begründenden Umstände außer Betracht, er vergißt auch, daß die zu machenden Ausnahmen sich nicht bloß auf die Qualität, sondern auch auf die Quantität der zu reichenden Nahrung zu erstrecken habe.

In welcher Weise dem Nahrungsbedürfnisse genügt werde, darüber läßt sich keine allgemeine, für alle Zeit und für alle Anstalten giltige Norm aufstellen; die Frage beantwortet sich nach dem jeweiligen Stande der Wissenschaft bezüglich der Frage der menschlichen Ernährung.

Der hienach für die Einzelstaaten oder für einzelne Provinzen zu entwerfende Speisetarif wird, unter Festhaltung der in § 33 aufgestellten Grundregel, Klima, Jahreszeit und die gewohnte Lebensweise der Mehrzahl der Gefangenen zu berücksichtigen haben.

§ 35.

Den Sträflingen ist die Verwendung eines Theiles ihres Nebenverdienstes (§ 29) zur Beschaffung von Nahrungs- und Genuß-Mitteln nach Maßgabe der Bestimmungen über Belohnung der Gefangenen (§§ 68—70) zu gestatten.

Anmerkung.

Die Gerechtigkeit, wie wir sie auffassen, verlangt eine Verschiedenheit des Strafzwanges nach Maßgabe der antisozialen Gesinnung der Verurtheilten. Eine solche Graduirung des Strafernstes läßt sich bezüglich der Beköstigung der Gefangenen nicht in der Weise durchführen, daß wir für die Züchtlinge unter das Maß der in § 33 aufgestellten Forderung herabgehen oder dasselbe zu Gunsten der Gefängnißsträflinge überschreiten. Wir würden auf erstere Weise gegen den Grundsatz der Humanität verstoßen und auf die andere Art den Strafernst verleugnen.

Wollen wir auf eine Differenzirung zwischen Gefängniß- und Zuchthaus-Strafe in Bezug auf Verköstigung nicht verzichten, so erübrigt nichts anderes, als zu Gunsten der ersteren Strafe eine, wenn auch nur geringe Erhöhung des im § 69 bestimmten Maßes zulässiger Extragenußmittel eintreten zu lassen.

§ 36.

Die zur Festungshaft wie die zur Haft Verurtheilten haben, wenn sie die hiezu erforderlichen Mittel besitzen, sich während der Straferstehung selbst zu verköstigen.

Dabei ist jedes Uebermaß auszuschließen, und kann bei vorkommendem Mißbrauch ihnen das Recht der Selbstbeköstigung für die ganze Strafzeit oder auf einen Theil derselben entzogen werden.

Anmerkung.

Dieser Paragraph steht seinem Sinne nach in Einklang mit § 30 des Entwurfes von 1879.

Kleidung und Lagerung.

§ 37.

Die Zuchthaus- und die Gefängniß-Gefangenen haben eine durch die Hausordnungen zu bestimmende gleichförmige Kleidung zu tragen und sich der in den Strafanstalten eingeführten Lagerstätten zu bedienen.

§ 38.

Kleider und Lagerstätten der Gefangenen haben bei größtmöglicher Einfachheit und Billigkeit allen gesundheitlichen Anforderungen zu entsprechen.

§ 39.

Die Anstaltskleider der Zuchthaus- und der Gefängniß-Sträflinge haben sich äußerlich von einander zu unterscheiden. Von der Anstaltskleidung muß Alles ferne gehalten werden, was geeignet wäre, den Gefangenen zu beschimpfen oder ihn lächerlich zu machen.

§ 40.

Die Hausordnungen der Einzelstaaten müssen Bestimmungen in Bezug auf Kleidung und Lagerung enthalten, welche eine zureichende Berücksichtigung der Verschiedenheit des Alters, des Geschlechtes, der Körperkonstitution, der Gesundheit und der Beschäftigung der Sträflinge ermöglichen.

§ 41.

Die zu Haft und zu Festungshaft Verurtheilten haben während der Straferstehung eigene Kleider und Waschstücke zu tragen; auch dürfen sie sich eigener Bettstücke bedienen.

Denjenigen von ihnen, welche keine anständigen Kleider und Waschstücke und auch die Geldmittel zu deren Beschaffung nicht besitzen, sind von der Anstalt ihren Verhältnissen entsprechende Kleider und Waschstücke zu verabreichen.

Anmerkungen zu §§ 37—41.

Der Staat, welcher als Vollstrecker einer Freiheitsstrafe von dem Verurtheilten verlangt, an dem ihm angewiesenen Aufenthaltsorte nach einer bestimmten Ordnung, nach festgesetzten Regeln zu leben, hat auch das Recht, demselben in Bezug auf Kleidung und Lagerstätte bestimmte Vorschriften zu geben, denen er sich widerspruchslos zu fügen hat.

An diese seine Befugniß ist aber auch die Pflicht geknüpft, für die Befriedigung der Bedürfnisse der Gefangenen so weit Sorge zu tragen, als dies die Rücksicht auf Leben und Gesundheit der Sträflinge erheischt. Das Maß seiner Pflichten wird durch die Gesundheitslehre bestimmt, mit der sich seine bezüglichen Einrichtungen und Anordnungen stets im Einklange befinden müssen. Dieselben werden ihren Zweck nur dann vollkommen erreichen, wenn dieselben den schon öfter erwähnten individuellen Unterschieden der Sträflinge hinreichend Rechnung tragen.

Der Gerechtigkeit entspricht es, die Freiheitsbeschränkung in Bezug auf Körperpflege nach der Höhe der Strafart zu schärfen oder aber zu schwächen oder auch gänzlich fallen zu lassen.

Haft und Festungshaft, als die leichtesten Arten der Freiheitsstrafen, können des Zwanges in Bezug auf Lebensweise der Gefangenen entbehren, es genügt deren bloße Ueberwachung und Beaufsichtigung.

Eine Differenzirung der beiden höchsten Freiheitsstrafen nach dem Maßstabe der Beköstigung läßt sich, wie oben (zu § 35) gezeigt, nur indirekt erreichen, eine Unterscheidung beider Strafarten in Beziehung auf Kleidung und Lagerung erscheint, abgesehen von der rein äußerlichen Verschiedenheit der ersteren, geradezu undurchführbar. Eine Abweichung von der in § 38 aufgestellten Norm würde entweder zu einer allzu großen Abschwächung der Gefängnißstrafe oder zu einer inhumanen Schärfung der Zuchthausstrafe führen.

Man könnte nun allerdings darauf verfallen, die Kleider der Gefängnißsträflinge in qualitativer Hinsicht wie ihre Betten durch vollkommenere Ausstattung zu ihrem Vortheile gegenüber den Kleidern und Lagerstätten, wie solche im Zuchthause eingeführt sind, auszeichnen zu wollen. Bei Festhalten am Prinzipe der Sparsamkeit würden die Gefängnißgefangenen auf besagte Weise keinen großen Gewinn machen und würde der geringe Vortheil mit unverhältnißmäßig hohen Opfern erkauft werden müssen.

Den Gefängnißsträflingen den Gebrauch eigener Kleider und Bettstücke zu gestatten, würde zu einer Bevorzugung der bemittelten unter ihnen gegenüber den unbemittelten führen, welche sich die gleiche Vergünstigung nicht verschaffen können. Einen Unterschied zwischen arm und reich darf aber, wie oben ausgeführt (§§ 12 und 13) der Strafvollzug nicht aufkommen lassen.

Gesundheits- und Kranken-Pflege.

§ 42.

In allen Gefängnissen ist auf die größtmögliche Reinlichkeit aller Gelasse, Räume, Einrichtungen, Geräthe, Kleider und Betten zu achten.

§ 43.

Besondere Aufmerksamkeit ist der Reinheit der Luft in allen zum Aufenthalte von Personen bestimmten Räumen zuzuwenden.

§ 44.

Die zum Aufenthalte bei Tag und bei Nacht bestimmten Einzelzellen sollen mindestens 22, die nur zu nächtlichem Aufenthalte bestimmten mindestens 11 Kubikmeter Luftraum enthalten.

Gemeinschaftliche Schlafräume müssen wenigstens 10, geschlossene Arbeitsräume wenigstens 8 Kubikmeter Luftraum für jede unterzubringende Person enthalten.

Arbeitsräume dürfen nicht zugleich als Schlafräume benützt werden.

§ 45.

Die Temperatur soll in allen Räumen, welche den Gefangenen zu längerem Aufenthalte (bei Tag wie bei Nacht) dienen, auf einem der Gesundheit zuträglichen Normalstande gehalten werden.

§ 46.

Bei Beleuchtung (natürlicher wie künstlicher) der Arbeitsräume soll auf größtmögliche Schonung des Sehvermögens der Gefangenen Rücksicht genommen werden.

§ 47.

Die Gefangenen haben sich täglich einmal und außerdem so oft, als nöthig, Gesicht und Hände zu waschen und die Haare zu kämmen.

§ 48.

Bart- und Haupthaare der männlichen Zuchthaus- und Gefängniß-Sträflinge sind kurz zu halten.

Den Züchtlingen ist das Barttragen nur auf ärztliches Gutachten gestattet.

§ 49.

Die Gefangenen in den Landesgefängnissen und Zuchthäusern haben alle 14 Tage und außerdem, so oft es nothwendig ist, ein Fußbad zu nehmen, und ist jedem derselben mehrmals im Jahre ein Voll- oder ein Brausebad zu verabreichen.

Anmerkungen zu §§ 42—49.

Der Staat als Inhaber der Polizeigewalt hat selbstredend die Pflicht und Aufgabe, daß in seinen eigenen Anstalten alle Vorschriften der Gesundheitspolizei gewissenhaft beobachtet werden.

Strenges Anhalten der Gefangenen zur Ordnung, Reinlichkeit und Sauberkeit ist ein Stück Erziehung und bildet zugleich einen Theil der Strafzucht. Auch hat der Staat ein positives Interesse dafür, daß die Insassen der Strafanstalten gesund und arbeitstüchtig erhalten bleiben und ihm nicht durch deren Erkrankung neben dem Entgang an Arbeitsgewinn auch noch namhafte Kosten für deren Krankenverpflegung verursacht werden.

Endlich mag es seine angelegentliche Sorge sein, daß seine meist mit zahlreichen Insassen angefüllten Strafhäuser nicht durch Vernachlässigung hygienischer Gesetze und gesundheitlicher Vorschriften zu Seuchenherden und damit zu einer ernsten Gefahr für die freie Gesellschaft werden.

Was zur Erhaltung eines guten Gesundheitszustandes in den Gefängnissen zu beobachten ist, findet sich im Großen und Ganzen in den §§ 42—49 vorgezeichnet.

Zu den einzelnen Paragraphen gelten die folgenden Bemerkungen:

§ 44 ist dem § 6 des Entwurfes von 1879 nachgebildet. Dieser befindet sich in Uebereinstimmung mit einem von dem Vereine Deutscher Strafanstaltsbeamter 1877 zu Stuttgart über den gleichen Gegenstand gefaßten Beschlusse.

Ueber die Größe und Konstruktion der Zellenfenster eine gesetzliche Bestimmung zu erlassen, wie in dem soeben erwähnten Entwurfe geschehen, halte ich weder für nothwendig noch für zweckmäßig.

In dem Verbot des Barttragens (§ 48) und dem damit verbundenen Rasirzwang für Zuchthausgefangene liegt eine empfindliche Freiheitsbeschränkung, welche für diese Sorte von Leuten ganz am Platze ist, und gleichzeitig eine weitere Differenzirung zwischen Gefängniß- und Zuchthaus-Strafe schafft.

§ 50.

Erkrankten Gefangenen muß sowohl ärztliche Hülfe als auch die erforderliche Wart und Pflege gewährt werden.

§ 51.

Bei schwerer Erkrankung ist den Sträflingen im Benehmen mit dem Hausarzte die Berufung eines konsultirenden Arztes oder eines Operateurs gestattet; der Vorstand kann jedoch aus hauspolizeilichen Gründen ungeeignete Personen ausschließen.

Anmerkungen zu §§ 50—51.

Erkrankten und leidenden Gefangenen die erforderliche ärztliche Hülfe und die nöthige Pflege angedeihen zu lassen, ist ein Gebot der Humanität, das zu erfüllen der Staat um so weniger unterlassen darf, als der Gefangene außer Stande ist, Hülfe und Beistand von anderer Seite zu erlangen.

Die Strafbehandlung tritt im Anstaltslazareth gegen die Krankenpflege zurück, und unterscheidet sich das Krankenhaus für Sträflinge von demjenigen für freie Personen fast nur durch die erhöhte Versicherung in Bezug auf Verwahrung seiner Insassen.

Zur Verfolgung des Strafzweckes vermag die Krankenpflege nicht verwerthet zu werden; namentlich begründet auch der Unterschied der Strafart keinerlei Unterscheidung in der Krankenbehandlung.

Mit Recht beschränkt sich der § 32 des Entwurfs von 1879 in der Hauptsache auf die Bestimmung, daß dem Sträflinge im Falle seiner Erkrankung eine zweckmäßige Behandlung, sei es in der Strafanstalt, sei es in einer besonderen Heilanstalt, zu Theil werden solle.

Die weitere Vorschrift, daß die Zellensträflinge monatlich mindestens einmal von dem Arzte zu besuchen seien, dürfte meines Erachtens in die Dienstordnung der Einzelstaaten zu verweisen sein.

Für Irre und für Schwangere brauchen meines Erachtens keine besondere Bestimmungen getroffen zu werden. Die §§ 50—51 finden auf sie als „Kranke" ebenfalls volle Anwendung.

Wie bei der Verschiedenheit der Größe der Gefängnisse und bei der Verschiedenheit der lokalen Verhältnisse die Krankenpflege geübt werden kann und soll, muß der Anordnung der Einzelstaaten vorbehalten werden. Es genügt, denselben die gesetzliche Pflicht aufzuerlegen, für ihre Gefangenen in Krankheitsfällen in ausreichendem Maße zu sorgen.

Nur eine Frage, nämlich, ob der Gefangene sich auch der Hülfe eines anderen Arztes als derjenigen des Gefängnißarztes bedienen dürfe, scheint mir noch wegen ihrer großen Wichtigkeit für den Gefangenen einer gesetzlichen Regelung zu bedürfen. Die Frage dürfte im § 230 Absatz 1 der Bad. Hausordnung in sachgemäßer und gerechter Weise entschieden sein, weshalb ich die Fassung der alleg. Bestimmung für den obigen § 51 gewählt habe.

§ 52.

Ist im Falle der Erkrankung eines Sträflings eine zweckmäßige Behandlung in der Anstalt nicht möglich, so ist derselbe, falls die Strafvollstreckung nicht ausgesetzt wird, in eine von der Aufsichtsbehörde zu bestimmende Heilanstalt unterzubringen.

Anmerkung.

§ 52 ist dem Entwurf von 1879 entnommen. Daß die Heilanstalt, in welche der Sträfling verbracht werden soll, von der Ober-Aufsichtsbehörde bestimmt werden soll, diese Norm bezweckt, zu verhüten, daß der Verurtheilte geflissentlich und schuldhafter Weise eine ihm in mancherlei Beziehungen vortheilhafte Versetzung in eine seiner Wahl überlassene Krankenanstalt selbst herbeiführe.

Wie oft die Sträflinge in Einzelhaft vom Arzte zu besuchen seien, (cf. § 32 Absatz 2 des Entwurfes von 1879), wird richtiger durch die Dienstesinstruktion als durch ein Gesetz bestimmt.

Gottesdienst und Seelsorge.

§ 53.

Es ist für eine geordnete Seelsorge in allen Gefängnissen und für regelmäßige Abhaltung von Gottesdienst, wenigstens in den Landesgefängnissen und Zuchthäusern, entsprechende Vorsorge zu treffen.

In den Anstalten für jugendliche Gefangene ist an diese Religionsunterricht zu ertheilen.

§ 54.

Die Gefangenen, mit Ausnahme der zu Haft und zu Festungshaft verurtheilten, sind gehalten, dem angeordneten Gottesdienste ihrer Konfession anzuwohnen, doch können sie durch den Anstaltsvorstand von der Theilnahme entbunden werden. Ein äußerer Zwang zur Theilnahme am Empfang der Sakramente findet nicht statt.

Anmerkungen zu §§ 53—54.

Durch die Verurtheilung zu einer Freiheitsstrafe werden die Zugehörigkeit des Delinquenten zu einer Religionsgenossenschaft sowie die daraus abzuleitenden Ansprüche nicht aufgehoben.

Es bleibt ihm das unveräußerliche Recht auf Befriedigung seiner religiösen Bedürfnisse. Da ihm durch die Gefangenschaft die Möglichkeit geraubt ist, diesen seinen Anspruch durch Theilnahme an den kirchlichen Versammlungen seiner freien Religionsgenossen zur Geltung und Verwirklichung zu bringen, so erübrigt nichts anderes, als besondere Einrichtungen in den Strafanstalten zu treffen, um deren Insassen die Erreichung besagten Zweckes zu ermöglichen.

Christlicher Zuspruch wird sich für alle Gefangenen in deutschen Gefängnissen ohne besondere Anstrengung erreichen lassen.

Größere Schwierigkeiten verursacht die Abhaltung regelmäßiger Gottesdienste innerhalb des Gefängnisses. Mit dem hierzu erforderlichen Personale und den nöthigen Einrichtungen werden in der Regel nur Anstalten mit einer größeren Anzahl von Gefangenen mit längerer Strafzeit versehen sein und versehen werden können, weshalb in § 53 regelmäßiger Gottesdienst nur für Strafanstalten im Gegensatze zu den kleinen Gerichtsgefängnissen ins Auge gefaßt ist.

Für jugendliche Gefangene, deren Strafthaten in der Mehrzahl der Fälle auf Verwahrlosung in der Erziehung und im Unterricht zurückzuführen ist, erweist sich die Unterweisung in den Lehren der Religion wie in den Geboten der Moral als ein Bedürfniß, welchem beim Strafvollzuge an genannten Personen Rechnung zu tragen ist. Aber auch wo Besserung nicht mehr zu hoffen ist, darf der Staat nicht dulden, daß die Verurtheilten durch Mangel an geistiger Pflege und Seelsorge noch weiter verwildern und immer noch tiefer sinken.

Die Frage, ob der Staat, ohne die seinen Bürgern durch die Verfassung garantirte Glaubens- und Gewissens-Freiheit zu verletzen, die Insassen der Gefängnisse zur Theilnahme am Gottesdienste, zu häuslicher Andacht, zum Empfang von Religionsunterricht zwangsweise anhalten könne, ist aus folgenden Gründen zu bejahen:

Der Staat, welcher im Strafvollzuge wenigstens bei einem Theile der Verbrecher bürgerliche Besserung anstrebt, bedarf hiezu der Hülfe der Religion.*)

Sind ja doch die meisten Fälle, welche er zu behandeln hat, aus Verachtung der Religion, aus Geringschätzung der göttlichen Gebote, aus Gewissenlosigkeit und Gottlosigkeit entsprungen, und muß deshalb darnach getrachtet werden, diese Quellen des Verbrechens zum Versiegen zu bringen.

---

*) Krauß, Ueber Seelsorge und Bildungswesen im Handb. d. Gef.-Wes. Bd. II. S. 132 ff.

Ueberdies befindet sich der Gefangene dem Staate gegenüber in einem ähnlichen Unterwürfigkeitsverhältnisse, wie etwa das Kind den Eltern, Untergebene ihren Vorgesetzten gegenüber.

Wie der Vorgesetzte dem Untergebenen, der Vater dem Kinde seinen Rath wie Mahnungen und Warnungen nicht selten aufdrängen muß, so muß sich auch der Verbrecher, wenn sein Inneres sich auch noch so sehr dagegen sträubt, in bessernde und heilsame Zucht nehmen, sich religiöse Unterweisung gefallen und die Wahrheiten der Religion sich verkünden lassen.

Auch dem Soldaten ist es nicht freigestellt, ob er die Kirche besuchen will oder nicht; um so weniger darf die Theilnahme am Gottesdienste in das Belieben des Missethäters gestellt werden, der durch seine Unthat die Freiheit verwirkt hat.

Auf das geringste Maß von Freiheitsbeschränkung, wie es im Vollzuge der Haft und der Festungshaft zum Ausdrucke kommt, finden die vorstehenden Ausführungen keine Anwendung; bei Vollzug dieser beiden Arten von Freiheitsstrafen kann von einem äußeren Zwange zur Theilnahme am Gottesdienste füglich Umgang genommen werden.

Der Empfang der kirchlichen Heil- uud Gnaden-Mittel muß selbstverständlich unbedingt freier Ausfluß des eigenen, von innen gedrängten Gefühls und Willens sein*), und darf deshalb in dieser Hinsicht keinerlei Nöthigung zur Anwendung gebracht werden.

Unterricht und geistige Bildung.

§ 55.

Unterricht in den Fächern der Volksschule ist an alle Gefängnißgefangene unter 30 Jahren und mit einer Strafdauer von mindestens 6 Monaten zu ertheilen, soferne sie nicht bereits die erforderlichen Schulkenntnisse besitzen.

Sie sind zum Besuche der Anstaltsschule verpflichtet; doch können sie vom Anstaltsvorstande dieser Verpflichtung enthoben werden.

§ 56.

Den Gefangenen ist das Lesen erbauender, belehrender und unterhaltender Schriften während der arbeitsfreien Zeit zu gestatten.

*) s. Krauß, l. cit. S. 136.

Zu diesem Zwecke ist in jedem Gefängnisse eine dem Bedürfnisse entsprechende Sammlung guter Bücher und Schriften zu unterhalten.

Bei der Zutheilung der Schriften und Bücher ist auf das geistige Bedürfniß der Sträflinge, auf das Verständniß und auf die Bildungsstufe die nöthige Rücksicht zu nehmen.

Anmerkungen zu §§ 55 und 56.

Leute, welche das Gesetz gebrochen haben, haben sich dadurch keineswegs einen Anspruch auf weitere geistige Ausbildung gegen den Staat erworben. Wenn dieser gleichwohl einem Theile der nicht mehr schulpflichtigen Sträflinge Schulunterricht zu Theil werden läßt und sie zur Benutzung desselben zwangsweise anhält, so thut er dies lediglich im eigenen Interesse, von der Hoffnung und dem Wunsche geleitet, die Gefallenen durch Erweiterung ihres Wissens und durch Vermehrung ihrer Kenntnisse zum schweren Kampfe um das Dasein zu stärken, sie erwerbsfähiger und damit widerstandsfähiger gegen die Rückfallsgefahr zu machen und sie auf solche Weise, wo möglich, vor Untergang zu bewahren und für die Gesellschaft zu retten.

Wo solche Hoffnung, wie bei unseren Zuchthausgefangenen, nach menschlichem Ermessen ausgeschlossen erscheint, da kann der Staat getrost von solcher Bemühung abstehen, um so mehr, da er Gefahr läuft, daß Individuen, denen das Verbrechen Selbstzweck ist, vermehrtes Wissen und Können nimmermehr zum Guten, sondern viel eher zum Nachtheil und zum Schaden ihrer Nebenmenschen anwenden würden.

Personen, welche bereits jenes Maß von Schulkenntnissen besitzen, wie es durch die Volksschule geboten wird, haben, auch wenn sie zu den jugendlichen Gefangenen im Sinne des § 57 des St.G.B. gehören, ebenfalls in der Anstalt keinen weiteren Unterricht mehr zu erhalten; es ist für sie wie für den Staat von größerem Nutzen, wenn ihre Strafzeit voll und ganz auf nützliche Arbeit verwendet wird.

Auch bedarf es keiner Ertheilung von Schulunterricht an solche Sträflinge, denen derselbe wegen Kürze der Strafdauer, wegen vorgerückten Alters, wegen geistiger Schwäche oder aus anderen Gründen keine namhaften Vortheile zu gewähren verspricht.

Es dürfte sich empfehlen, als Grenzen der Schulpflicht das 30. Lebensjahr in maximo und eine Strafdauer von 6 Monaten in minimo festzusetzen.

Durch letztere Schranke sind die Haftsträflinge von der Schulpflicht ausgeschlossen, wie auch der in der Schulpflicht liegende Zwang sich mit dem geringsten Maß der Freiheitsbeschränkung, wodurch der Gesetzgeber die Festungshaft gegen die anderen Arten von Freiheitsstrafe ausgezeichnet hat, sich nicht vertragen dürfte.

Wenn der Staat, wie wir oben bemerkt haben, keine Verpflichtung hat, für Unterricht und geistige Ausbildung der Gefangenen zu sorgen, so haben diese noch weniger Anspruch darauf, durch Lektüre am Strafplatze von Staatswegen unterhalten zu werden.

Wenn nichtsdestoweniger in § 56 die Errichtung und Unterhaltung von Bibliotheken für Gefangene gefordert wird, so geschieht dies lediglich um der guten Wirkung willen, welche das Lesen guter Bücher seitens der Gefangenen auf die Disziplin ausübt. Es ist dies eines der besten und erprobtesten Mittel, der Langeweile und dem Müßiggange zu wehren und deren böse Folgen für die häusliche Ruhe und Ordnung fernzuhalten.

Eine Verpflichtung, von der ihm gebotenen Lesegelegenheit Gebrauch zu machen, besteht für den Gefangenen nicht. Ein solcher Zwang würde wenig nützen. Es bedarf aber auch eines solchen um so weniger, als die Gefangenen in ihrer großen Mehrzahl in der Lektüre eine Wohlthat erblicken. Diese Wahrnehmung könnte allerdings den Gedanken nahelegen, Züchtlingen, die wir durchaus strenge behandelt sehen wollen, diese Wohlthat zu versagen. Eine solche Maßregel würde sich gegen die Gefängnißverwaltung selbst kehren; dieselbe würde sich dadurch eines der wichtigsten Disziplinarmittel berauben, deren sie doch gerade in den Zuchthäusern wegen der Verderbtheit ihrer Insassen am dringendsten bedarf.

Absatz 3 des § 56 bringt den Individualisirungsgedanken in entsprechender Weise zur Geltung. Nach seiner Fassung wird sich in jedem Einzelfalle die oft aufgeworfene Frage, ob den Gefangenen das Lesen von Zeitungen zu gestatten sei, unschwer entscheiden lassen.

Erholung.

§ 57.

Die Arbeit der Gefangenen wird Vormittags und Nachmittags durch eine je halbstündige Erholungspause unterbrochen.

§ 58.

Zur Einnahme des Mittagessens ist den Gefangenen mindestens 1/2 Stunde, zum Frühstück und zum Abendessen mindestens je 1/4 Stunde freizulassen.

§ 59.

Die Zuchthausgefangenen haben sich täglich 1/2 Stunde, die übrigen Gefangenen eine ganze Stunde im Freien, an einem zur Erholung geeigneten Platze, zu bewegen.

Der vorgeschriebene Spaziergang kann auf ärztliches Gutachten durch den Vorstand in seiner Dauer verkürzt, verlängert oder auch ganz erlassen oder auch zeitweise zur Strafe entzogen werden.

§ 60.

Den Gefängniß- und Haft-Sträflingen sind harmlose, nicht lärmende Spiele in der arbeitsfreien Zeit gestattet.

Jedoch ist das Spielen mit Karten und Würfeln ausgeschlossen und der Einsatz von Geld oder Geldeswerth verboten.

Den Festungsgefangenen ist das Spielen, jedoch lediglich zur Unterhaltung, gestattet, dagegen Spielen mit hohen Einsätzen verboten.

Anmerkungen zu §§ 57—60.

Indem die Gefängnißverwaltung den Gefangenen Erholung von der Arbeit gewährt, erfüllt sie nicht nur ein Gebot der Menschlichkeit, sondern auch der Klugheit. Sie handelt vernünftig, wenn sie Ueberanstrengung und Ueberarbeitung der Sträflinge vermeidet, da solche nicht nur in gesundheitlicher, sondern auch in ökonomischer Hinsicht durch vorzeitige Schwächung der Arbeitskraft wie durch Beeinträchtigung der Arbeitsleistung nachtheilige Wirkungen äußert.

Zu den besten Mitteln, Kräfte und Gesundheit zu erhalten und zu fördern, zählt regelmäßige Bewegung im Freien. Ein Spaziergang in der Dauer von 1/2 Stunde täglich genügt dem Bedürfnisse; die Ausdehnung desselben auf eine ganze Stunde wirkt schon als eine Wohlthat und Vergünstigung, welche nur den besseren und besserungsfähigen Gefangenen eingeräumt, dagegen den wiederholt rückfälligen Züchtlingen nach unserer Auffassung von der Gerechtigkeit versagt bleiben sollte.

Eine Abweichung von dem in § 59 Absatz 1 aufgestellten hygienischen Gebote sollte nur aus gesundheitlichen oder hauspolizeilichen Gründen gestattet werden.

Die Zulassung unschuldiger Spiele an Gefangene, mit Ausnahme der Zuchthaussträflinge, halte ich nicht nur für unbedenklich, sondern sogar für empfehlenswerth, um die tödtliche Langeweile mit ihren schädlichen Folgen zu bekämpfen, welcher die Gefangenen, namentlich an den Nachmittagen der Sonn- und Feiertage, verfallen, wenn sie aus dem einen oder anderen Grunde mit Arbeit oder Lektüre sich die Zeit zu vertreiben nicht vermögen. Schach, Damenspiel, Domino sind Spiele, deren Zulassung im Strafhause keinen besonderen Bedenken meines Erachtens begegnen sollte.

Zum Schlusse dieses Abschnittes dürfte noch die Bemerkung am Platze sein, daß auch in der Regelung der Erholungsfrage, in der Beschränkung der für die Arbeitsruhe bestimmten Zeit, im Anhalten zum Spaziergang u. s. f. der Strafzwang sich fühlbar macht und diesem nach Maßgabe der sozialen Gesinnung der Strafanstaltsinsassen engere oder weitere Grenzen im Interesse eines rationellen Strafvollzugs gezogen werden können.

Besuche und brieflicher Verkehr.

§ 61.

Mit Vorwissen und Erlaubniß des Vorstandes dürfen Zuchthaussträflinge alle 3 Monate, Gefängnißsträflinge alle 4 Wochen Besuche von Familienangehörigen unter entsprechender Aufsicht empfangen.

Ausnahmen von dieser zeitlichen Beschränkung, desgleichen Besuche durch andere Personen, kann der Anstaltsvorstand, wenn nothwendig oder nützlich, bewilligen.

Zu jedem Besuche eines Haft- wie eines Festungssträflings ist die Erlaubniß des Gefängnißvorstandes einzuholen. Weitere Beschränkungen finden nicht statt; doch kommt dem Gefängnißvorstande das Recht zu, gegen jede Ausschreitung, wie gegen Mißbrauch jener Erlaubniß die erforderlichen Maßnahmen eintreten zu lassen.

§ 62.

Mit Vorwissen und Erlaubniß des Anstaltsvorstandes dürfen Zuchthausgefangene alle 3 Monate und Gefängnißgefangene alle 4 Wochen je einen Brief abgehen lassen und empfangen.

Dem Vorstande steht die Befugniß zu, wenn nothwendig oder nützlich, jene Erlaubniß weiter auszudehnen oder auch zeitweise zur Strafe zu entziehen (§ 71).

Der briefliche Verkehr der Haftsträflinge unterliegt der Aufsicht des Gefängnißvorstandes, und ist derselbe weiteren Beschränkungen nicht unterworfen, als solche etwa durch Mißbrauch und Uebermaß veranlaßt werden.

Der schriftliche Verkehr der Festungsgefangenen ist im Allgemeinen frei. Jedoch ist der Strafanstaltsvorstand befugt, von der Korrespondenz der Gefangenen Einsicht zu nehmen und dieselbe zu beschränken oder auch zu verhindern, wenn von deren Fortsetzung Nachtheile zu befürchten sind.

§ 63.

Eingaben von Gefangenen an die Gerichte und an die Aufsichtsbehörden, mit Ausnahme solcher, welche von Geistesgestörten verfaßt sind oder Beleidigungen enthalten, dürfen nicht zurückgehalten werden.

Anmerkungen zu §§ 61—63.

Beschränkung des mündlichen und schriftlichen Verkehrs der Gefangenen nach außen gehört zum Wesen der Freiheitsstrafe.

Besuche und Briefwechsel der Gefangenen eignen sich ihrer Natur nach ganz besonders zur Graduirung des Strafzwanges nach Maßgabe des antisozialen Verhaltens der Verurtheilten.

Wegen des günstigen Einflusses, den Besuche wie Briefwechsel auf das Gemüth des besserungsfähigen Gefangenen zu äußern vermögen, empfiehlt es sich, diese Art von Verkehr für Gefängnißsträflinge nicht allzu sehr zu beschränken. Den unverbesserlichen Züchtlingen gegenüber bietet gerade die größtmögliche Einschränkung der Kommunikation nach außen eine willkommene Handhabe zur Verschärfung des Strafzwanges. Die Besuche, welche den Gefangenen zugelassen werden, sollten sich in der Regel auf Familienangehörige beschränken. Da indessen auch Fälle vorkommen, daß mündliche Besprechungen zwischen Gefangenen und dritten Personen nothwendig werden, so muß die Möglichkeit gegeben sein, in solchen Ausnahmsfällen auch Besuche fremder Personen zuzulassen.

Die ausnahmsweise Abkürzung der gesetzlichen Fristen für Brief- und Besuch-Empfang wie für Absendung von Briefen muß aus dem Grunde vorgesehen werden, damit durch strenge Einhaltung der Regel dem Gefangenen selbst oder seinen Angehörigen rc. nicht unverdienter Weise Schaden und Nachtheil erwachse.

Daß der mündliche wie schriftliche Verkehr aller Gefangenen, auch derjenigen, welche eine Haft- oder Festungshaft-Strafe zu erstehen haben, der Aufsicht und Kontrole des Gefängnißvorstandes unterliegen muß, folgt von selbst aus seiner Verantwortlichkeit für die Sicherheit und Ordnung der seiner Leitung anvertrauten Anstalt.

Aus dem gleichen Grunde muß ihm das Recht zustehen, vorkommende Mißbräuche abzustellen und Beschränkungen im Außenverkehr der Sträflinge eintreten zu lassen.

Im Rechtstaate muß auch der Niederste und Geringste um Schutz und Hilfe sich an die staatlichen Organe wenden dürfen. Darum muß auch den Gefangenen gestattet sein, ihre Rechtsangelegenheiten zu verfolgen, ihre wirklichen oder vermeintlichen Beschwerden über Vorgesetzte an die zuständigen Stellen zu bringen, und darf ihnen dieses Recht durch die Gefängnißverwaltung in keiner Weise verkürzt werden.

Unziemlichkeiten, welche der Gefangene bei Ausübung dieser seiner Befugniß sich zu Schulden kommen läßt, werden am besten durch Zurückhalten seiner Eingabe geahndet, wodurch er nicht gehindert wird, dieselbe in geeigneter Form alsbald zu erneuern.

Eingaben von Unzurechnungsfähigen sollten als nicht geschrieben angesehen und darum nicht weiter befördert werden müssen.

Zweckmäßige Bestimmungen, zum Theile mit vorstehender Ausführung übereinstimmend, enthält die mehr allegirte Bad. Hausordnung in § 122 Absatz 2.

V. Zuchtmittel.

Belohnungen.

§ 64.

Die Zuchthausgefangenen und die in den Landesgefängnissen untergebrachten Gefängnißsträflinge werden in 3 bezw. in 2 Belohnungsklassen eingetheilt.

§ 65.

Die Züchtlinge haben in jeder der 3 Klassen ein Dritttheil, mindestens aber 6 Monate ihrer Strafzeit zu verbleiben.

Die Gefängnißsträflinge haben in jeder der beiden Sittenklassen die Hälfte, mindestens aber 3 Monate ihrer Strafzeit zuzubringen.

§ 66.

Die Verhängung einer der unter § 71 Ziffer 8 und 9 aufgeführten Disziplinarstrafen verzögert das Vorrücken des Gefangenen von einer niederen in die nächst höhere Belohnungsklasse um je einen Monat.

§ 67.

Durch die Klasse wird die Höhe des Nebenverdienstes bestimmt.

Dieser beträgt für Gefängnißsträflinge
in der II. Klasse 20 Pfg.,
" " I. " 30 "
pro Mark des Gesammtverdienstes,
für Zuchthausgefangene
in der III. Klasse 10 Pfg.,
" " II. " 15 "
" " I. " 20 "
pro Mark des Gesammtverdienstes.

§ 68.

Die Sträflinge dürfen über ihren Nebenverdienst bis zur Hälfte zur Anschaffung von zugelassenen Nahrungs- und Genuß-Mitteln verfügen.

§ 69.

Als solche Nahrungs- und Genuß-Mittel sind zugelassen:

schwarzes und weißes Brod,
Milch,
Obst,
Butter und Speck;

außerdem, jedoch nur für Gefängnißsträflinge:

Bier,
Obstmost,
Fleisch und Wurst,
Käse,
Fische,
Schnupftaback.

§ 70.

Nach Ermessen und mit Zustimmung des Vorstandes dürfen die Sträflinge einen Theil ihres Nebenverdienstes, wie andere ihnen zur Verfügung stehende Geldmittel, zur Unterstützung ihrer Angehörigen, zur Tilgung von Zahlungsverbindlichkeiten, zur Anschaffung nützlicher Gegenstände, wie Bücher, Lehrmittel, Werkzeuge ꝛc. und zur Befriedigung kleiner Bedürfnisse, wie Zahnbürsten, Spiegel u. s. f. verwenden.

Anmerkungen zu §§ 64—70.

Belohnungen sind Mittel zur Förderung hausordnungsmäßigen Verhaltens der Gefangenen, gerade so wie die Disziplinarstrafen, und es ist gewiß ein lobenswerther Gedanke, legales Verhalten der Eingesperrten nicht bloß durch Strafen erzwingen, sondern durch Belohnungen und Aufmunterungen zu einer Aeußerung freier Entschließung zu gestalten.

Belohnen und Bestrafen erhalten ihren vollen Werth erst durch Gerechtigkeit. Die Würdigkeit steigert sich mit der langen Dauer, mit der Beständigkeit guten Verhaltens.

Zum Zwecke gleichmäßigen, gerechten, nach dem Maße anhaltenden Wohlverhaltens und Fleißes sich steigernden Belohnens sind die Gefangenen nach gleichen Grundsätzen in Klassen einzutheilen und das Vorrücken in denselben zu bestimmen und zu regeln.

Die richtige Auffassung von der Gerechtigkeit fordert größere Zurückhaltung im Belohnen gegen wiederholt dem Strafgesetze verfallene Individuen, größere Freigebigkeit, lebhaftere Aufmunterung solchen Personen gegenüber, welche lediglich aus Schwachheit gefehlt oder der Noth oder einer vorübergehenden Aufwallung ihrer Leidenschaft unterlegen sind. Neue Verfehlungen am Strafplatze müssen, um das Streben der Gefangenen wachzuhalten, mit der nachtheiligen Folge langsameren Vorrückens zu höherer Belohnung begleitet werden.

Den größten Werth in den Augen der Gefangenen hat die Gewährung von Arbeitsbelohnungen, namentlich, wenn mit derselben die Erlaubniß verknüpft ist, über sie zu verfügen, und wenn dadurch zugleich die Möglichkeit geboten ist, die materielle Lage am Strafplatze zu verbessern und zu erleichtern.

Die sogenannten Extragenußmittel können, weil in hohem Maße wirksam, beim Strafvollzuge als Mittel zur Förderung der Disziplin nicht entbehrt werden.

Daß durch sie der Straferenst nicht gefährdet wird, dafür bürg einmal der niedere Nebenverdienst, aus welchem allein sie beschafft werden dürfen, zum Anderen die über die richtige und mäßige Verwendung zu übende Aufsicht des Gefängnißvorstandes. Diese letztere allein genügt, und bedarf es keiner weiteren Schranke, wenn es sich um Ausgaben zu wohlthätigen und nützlichen Zwecken handelt, weil nicht zu besorgen ist, daß durch ihre Zulassung die Strafe abgeschwächt und dadurch die Erreichung des Strafzweckes erschwert oder vereitelt werden könnte.

Disziplinarstrafen.

§ 71.

Als Disziplinarstrafen gegen Sträflinge sind zulässig:

1) Verweis;

2) Entziehung gesetzlicher oder hausordnungsmäßiger Begünstigungen bis zur Dauer von 4 Wochen gegen Gefängnißsträflinge und bis zur Dauer von 3 Monaten gegen Züchtlinge;
3) bei Einzelhaft Entziehung der Arbeit bis zur Dauer einer Woche;
4) Entziehung der Lektüre bis zur Dauer von 4 Wochen gegen Gefängnißsträflinge und bis zur Dauer von 3 Monaten gegen Züchtlinge;
5) Entziehung des Nebenverdienstes auf die gleiche Dauer wie vor;
6) Entziehung des Lagers bis zur Dauer von 8 Tagen für Gefängnißsträflinge und von 14 Tagen für Züchtlinge;
7) Schmälerung der Kost, bestehend entweder in Entziehung der Mittagsbrodportion oder des Mittagessens oder beider zugleich bis zur Dauer von 14 Tagen oder in Beschränkung auf Wasser und Brod je um den anderen Tag bis zur Dauer von 8 Tagen;
8) einsame Einsperrung bis zur Dauer von 14 Tagen für Gefängnißsträflinge und von 4 Wochen für Züchtlinge.

Diese Strafe kann geschärft werden:

a. durch Entziehung der Arbeit,
b. durch Entziehung des Bettlagers,
c. durch Schmälerung der Kost,
d. durch Verdunkelung der Zelle,
e. durch Kurzschließen oder Anschließen an die Wand.

Die Schärfungen können einzeln oder in Verbindung miteinander verhängt werden. Die unter b, c, d bezeichneten Schärfungen kommen, vorbehaltlich weiterer Milderungen, am 4., 8. und demnächst an jedem dritten Tage in Wegfall.

Kurzschließen darf nur während 3 Tagen, und zwar binnen 24 Stunden immer nur je 6 Stunden, Anschließen an die Wand auf höchstens 14 Tage stattfinden.

9) Fesselung bis zur Dauer von 4 Wochen.

Die Fesselung soll nur gegen gewaltthätige, widersetzliche und fluchtverdächtige Gefangene zur Anwendung gebracht werden.

Die unter Nr. 5 bis 7 bezeichneten Strafen können miteinander verbunden werden. Mit der Strafe Nr. 8 können die Strafen Nr. 2 und 5 verbunden zur Anwendung gebracht werden.

Gegen Festungssträflinge sind nur die Strafen Nr. 1, 2, ferner Kostschmälerung bis zur Dauer von 8 Tagen, endlich einsame Haft bis zu 8 Tagen, mit oder ohne Kostschmälerung, gegen Haftgefangene nur die unter Nr. 1 bis 4, 6, 7 bezeichneten Strafen zulässig.

Gegen Sträflinge, welche das 18. Lebensjahr noch nicht vollendet haben, sind auch die in der Schule anwendbaren Züchtigungsmittel zulässig.

§ 72.

Zwangsstuhl und Zwangsjacke dürfen nur zur augenblicklichen Bewältigung thätlicher Widersetzlichkeit sowie gegen Tobende angewendet werden.

§ 73.

Die Verhängung der Disziplinarstrafen erfolgt durch den Gefängnißvorstand auf Grund summarischen Verfahrens, in welchem dem Gefangenen über die ihm zur Last gelegte Verfehlung sich zu verantworten Gelegenheit gegeben wird.

Bei Anwendung der in § 71 Nr. 8 und 9 bezeichneten Strafen ist der Arzt gutachtlich zu hören.

Anmerkungen zu §§ 71—73.

Disziplinarstrafen sind zur Aufrechterhaltung der Ruhe und Sicherheit innerhalb der Gefängnisse unentbehrlich.

Gegenüber der ernsten und wichtigen Aufgabe, eine große Anzahl schlimmer und gefährlicher Menschen innerhalb der gesetzlichen Schranken zu halten und die ehrliche Gesellschaft gegen diese ihre Feinde zu schützen, muß in besonders schweren Fällen im allgemeinen Interesse die Rücksicht gegen das Individuum zurücktreten und gegen dasselbe unnachsichtlich vorgegangen werden, selbst auf die Gefahr hin, daß dessen Gesundheit unter der strengen Maßnahme Schaden nehmen könnte.

Erweiterung der Strafgrenzen gegen Züchtlinge ist gewiß durch die Erwägung gerechtfertigt, daß die Fortsetzung des durch wiederholte Verbrechensrückfälle bekundeten Widerstandes gegen Gesetz und Ordnung am Straforte einen so hohen Grad von Trotz und Widersetzlichkeit verräth, daß dagegen erhöhte und gesteigerte Strenge in Anwendung gebracht werden muß.

In diesem Sinne hat sich der Verein Deutscher Strafanstalts-Beamter bei Gelegenheit seiner im Jahre 1877 zu Stuttgart abgehaltenen Versammlung ausgesprochen.*)

Wo immer angängig, ist daher im § 71 eine Unterscheidung nach Maßgabe der Strafart getroffen.

Der Text des allegirten Paragraphen stimmt im Wesentlichen mit der Fassung des § 38 des Entwurfs von 1879 überein.

Als grundsätzlicher Gegner der Prügelstrafe habe ich von der Aufnahme der körperlichen Züchtigung als Disziplinarstrafmittel in dem von mir verfaßten Entwurf Umgang genommen.

Für diejenigen Einzelstaaten, welche jenes Strafmittel als unzeitgemäß und barbarisch abgeschafft haben, würde die Wiedereinführung desselben einen bedauerlichen Rückschritt bedeuten, welcher ihnen billiger Weise nicht zugemuthet werden sollte.

---

*) s. Bl. f. Gef.-Kunde Bd. XIII. S. 204.

Die wenigen im Entwurf von 1879 für Festungsgefangene vorgesehenen Disziplinarstrafen mögen wohl für gewöhnliche Umstände, nicht aber für einen größeren Gefangenenstand, wie er sich in Zeiten politischer Erregung in unseren Festungsstrafanstalten einfinden dürfte, ausreichen.

Ich habe deshalb noch weitere und strengere Strafen für diese Gefangenenkategorie im Absatz 4 des § 71 in Vorschlag gebracht.

Mit Beibehaltung der §§ 39 und 40 des Entwurfs von 1879 kann ich mich einverstanden erklären und habe ich deshalb deren Fassung für die obigen §§ 72 und 73 gewählt.

Beschwerden.

§ 74.

Beschwerden der Gefangenen sind zunächst dem Gefängnißvorstande zur Entscheidung vorzutragen.

§ 75.

Beschwerden über den Vorstand selbst, ebenso Beschwerden über andere Beamte und Bedienstete der Strafanstalt, durch deren Bescheidung seitens des Vorstandes die Gefangenen sich verletzt fühlen, werden von der Oberaufsichtsbehörde bezw. durch den Vorsitzenden des Aufsichtsrathes entschieden.

§ 76.

Beschwerden von Gefangenen sind zulässig gegen den Inhalt von Disziplinarerkenntnissen, sowie wegen ungesetzlicher und wegen dienst- oder hausordnungswidriger Behandlung.

§ 77.

Die Beschwerden müssen bei Vermeidung des Ausschlusses innerhalb 8 Tagen, von dem als beschwerend bezeichneten Vorgang an gerechnet, angemeldet werden. Gemeinsame Beschwerden mehrerer Gefangenen sind unzulässig.

Das Beschwerderecht kann auf eine und dieselbe Thatsache hin nur einmal gebraucht werden.

Den Beschwerden der Gefangenen kommt keine aufschiebende Wirkung zu.

§ 78.

Wegen offenbar muthwilliger oder böswilliger Beschwerden, sowie wegen unziemlicher oder beleidigender Ausübung des Beschwerderechtes hat die Beschwerdeinstanz Strafeinschreitung gegen den Beschwerdeführer in eigener Zuständigkeit zu verfügen.

Anmerkungen zu §§ 74—78.

Der Gefangene ist durch den über ihn gefällten Urtheilsspruch nicht rechtlos geworden.

Das Strafvollzugsgesetz selbst verleiht ihm gewisse Rechte und Ansprüche, zu deren Vertheidigung und Geltendmachung ihm die erforderlichen Mittel an die Hand gegeben werden müssen, wenn anders jene Rechte nicht zu bloßer Illusion werden und jedes Werthes verlustig gehen sollen.

Dies zu vermeiden, muß ihm das Recht der Beschwerde in Beziehung auf die ihm zu Theil werdende Behandlung am Strafplatze eingeräumt werden.

Auf solche Weise wird zugleich eine werthvolle Garantie für richtige Anwendung des Strafvollzugsgesetzes geschaffen.

Wie die Gerechtigkeit den Interessenschutz der Verurtheilten erheischt, so verlangt die Rücksicht auf Zucht und Ordnung in den Strafanstalten, daß jedem Mißbrauche des Beschwerderechtes durch gesetzliche Regelung desselben vorgebeugt, und daß demselben die nöthigen Schranken gezogen werden, damit das obrigkeitliche Ansehen des Gefängnißvorstandes nicht Schaden leide, und derselbe in Ausübung seiner Machtbefugnisse nicht beschränkt und beeinträchtigt werde.

Diese Absicht vermag durch die zweckmäßigen Bestimmungen in den §§ 75—77, welche der Bad. Hausordnung (§ 39) entnommen sind, vollkommen erreicht zu werden.

Durch die Bestimmung in § 78 soll keineswegs die Ausübung des Beschwerderechtes der Gefangenen beschränkt oder erschwert, sondern lediglich grobe Ungebühr hintangehalten werden.

Das disziplinäre Vorgehen gegen Ausschreitungen des Beschwerdeführers wird zweckmäßiger der Beschwerdeinstanz als dem Gefängnißvorstand übertragen, da letzterer in den meisten Fällen als Richter in eigener Sache erscheinen und durch Strafeinschreitung gegen den abgewiesenen Beschwerdeführer nur allzu leicht dem Vorwurfe der Parteilichkeit und Rachsucht von Seiten der gemaßregelten Gefangenen sich aussetzen wird.

VI. Schlußbestimmungen.

§ 79.

Behufs Ueberwachung der vorschriftsmäßigen Strafvollstreckung ist der Reichskanzler befugt, über die Einrichtungen und Maßregeln, welche sich auf die Strafvollstreckung beziehen, Auskunft zu fordern oder durch Entsendung von Kommissarien sich zu unterrichten.

§ 80.

Unberührt bleiben die bestehenden Bestimmungen über die Freiheitsstrafen, welche von den Militärbehörden vollstreckt werden.

Anmerkungen zu §§ 79 und 80.

Die beiden §§ 79 und 80 sind gleichlautend mit den §§ 42 und 43 des Entwurfes von 1879.

§ 79 entspricht der Resolution des Reichstages vom 4. März 1870, insoweit diese darauf ihr Absehen richtet, daß die oberste Aufsicht über die sämmtlichen Angelegenheiten der Straf- und Besserungs-Anstalten zur Reichsangelegenheit gemacht werde.

§ 81.

Dieses Gesetz tritt mit dem
in Kraft.

Schlußwort.

Der vorstehende Entwurf übertrifft den vom Reichsjustizamte ausgearbeiteten nicht nur namhaft an Umfang und Ausführlichkeit, seine Vorzüge diesem gegenüber dürften vorzugsweise in einer genauen Abgrenzung der Rechte und Pflichten der Strafanstaltsverwaltungen einer= und der Verurtheilten andererseits, in einer Vertiefung des Unterschiedes zwischen den verschiedenen Arten der Freiheitsstrafe und in den über die Haftweise getroffenen Bestimmungen, wodurch das Haupthinderniß, das der Annahme des älteren Entwurfes entgegenstand, beseitigt wird, erblickt werden.

Der von der freisinnigen Partei vor Kurzem an den Reichstag gebrachte Antrag, betreffend den Vollzug der Haft= und der Gefängniß=Strafe, hat auf die Fassung des gegenwärtigen Entwurfes keinen Einfluß geäußert, da die in jenem Antrage formulirten Wünsche in der Hauptsache lediglich die Anwendung der Haftstrafe auf eine namhafte Anzahl strafbarer Handlungen, welche zur Zeit mit anderen Strafen bedroht sind, sowie eine Erhöhung des Höchstmaßes der Haftstrafe (bis zu 6 Monaten) bezwecken.

Die Freiheitsstrafe, wie sie in erwähntem Antrage gefordert wird, mit dem Rechte der Selbstbeköstigung, der freien Wahl der Beschäftigung, der Erlaubniß, eigene Kleider zu tragen u. s. f. entspricht nach ihrem Inhalte, abgesehen von der Zeitdauer, ganz und gar der in vorstehendem Entwurfe fixirten Haftstrafe.

Ebenso wenig sind in dem vorstehenden Gesetzentwurfe die in neuerer Zeit wiederholten Wünsche einer Aenderung des Strafvollzuges an sogenannten politischen Verbrechern berücksichtigt worden, da meines Erachtens diese Wünsche doch nur durch vermehrte Anwendung der Festungshaft auf eine größere Anzahl von bisher mit anderen Freiheitsstrafen bedrohten Reaten, nicht aber durch Aenderungen im Vollzuge bereits eingeführter Strafarten entsprochen werden könnte.

Ich bin der Ansicht, daß durch Annahme des von mir ausgearbeiteten Entwurfes die einzelnen Arten der Freiheitsstrafe eine möglichst vollkommene Ausbildung erfahren, daß auf solche Weise die richtige Anwendung der verschiedenen Arten von Freiheitsstrafe verbürgt und so die oberste Aufgabe aller Strafvollstreckung, die am besten und kürzesten in die beiden Worte „ne peccetur" sich zusammenfassen läßt, Förderung in hohem Maße erfahren würde.

Diese meine Ueberzeugung möge meinem Unternehmen zur Rechtfertigung dienen und dasselbe billiger Beurtheilung empfehlen!

FSC
www.fsc.org
MIX
Papier | Fördert gute Waldnutzung
FSC® C003411

Kolibri 360 GmbH
Ferdinand-Jühlke-Straße 7
99095 Erfurt, Deutschland
produktsicherheit@kolibri360.de